ज़ीरो माइल पटना

ज़ीरो माइल पटना

संजय कुंदन

वाम

पहला संस्करण, दिसम्बर 2021

वाम प्रकाशन
2254/2 ए, शादी खामपुर
न्यू रंजीत नगर
नयी दिल्ली – 110008

वाम प्रकाशन और लेफ़्टवर्ड बुक्स नया रास्ता पब्लिशर्स प्रा.लि. की प्रकाशन शाखाएँ हैं।

leftword.com

ISBN 978-93-92017-02-5

Visit website

Zero Mile Patna
By Sanjay Kundan

सूची

1. खल्ली-सिलेट

2. आवारा अफ़लातून

3. सवालों का ब्लैकहोल

पटना की गलियों को समर्पित,

जिनमें भटकते हुए बहुत कुछ सीखने को मिला।

1. खल्ली-सिलेट

बड़े देहात की तरह

एक बार हिन्दी के वरिष्ठ कवि अरुण कमल ने मुझसे कहा था – पटना एक बड़ा देहात है। यह संभवत: 1987-88 की बात है। उन दिनों अकसर शाम को मैं अरुण जी के मखनियाँ कुआँ वाले घर जाया करता था। फिर वहाँ से हमलोग पटना कॉलेज जाते और घास पर बैठकर साहित्य से लेकर दुनिया-जहान की बातें करते। कई बार और साथी भी मिल जाते थे। एक-दो घंटे कैंपस में बैठकर या गंगा किनारे टहलते हुए सात-आठ बजे तक लौटते।

यह वह दौर था, जब मोबाइल और इंटरनेट हमारे जीवन में शामिल नहीं हुआ था। पटना में कोई किसी के घर कभी भी पहुँच सकता था। आज की तरह फोन करके यह पूछने की ज़रूरत नहीं थी कि आप घर पर हैं या नहीं? आने-जाने का कोई निश्चित प्रयोजन होना भी ज़रूरी नहीं होता था। बस मिलना है, बतियाना है। यही सबसे बड़ा प्रयोजन होता था। यह एक मूल्य भी था।

खैर, 1987-88 के उस दौर के लगभग एक-डेढ़ दशक बाद दिल्ली में रहते हुए एक समय ऐसा आया, जब मैं अपने को बेहद अकेला और उदास महसूस करने लगा। लगने लगा जैसे मेरा कुछ छूट गया है। क्या है वह चीज़? मैं शिद्दत से उसके बारे में सोचने लगा। फिर लगा वह चीज़ है – पटना। मैं पटना को खोज रहा था। उस शहर की सुबहें, शामें, बैठकी, गोष्ठियाँ, बातें और हँसी और सबसे ज़्यादा उस अपनेपन की तलाश थी,जो मुझे नहीं मिल रहा था। दिल्ली-एनसीआर ने मुझे रोज़ी-रोटी दी, रहने को एक ठिकाना भी दिया पर मेरे भीतर एक गहरा खालीपन भी समाता गया, जिसे मैं निकालना चाहता था अपने भीतर से। इसी के लिए मुझे पटना की तलाश थी। एक दिन मैंने अपने एक मित्र को फोन किया। कहा – मैं पटना लौटना चाहता हूँ। अब वहीं रहूँगा। मित्र ने आश्चर्य से पूछा – क्यों, ऐसा क्या हो गया? मैंने कहा, यहाँ मेरा

मन नहीं लगता। यहाँ किसी से किसी को मतलब नहीं है। ऐसा कोई नहीं है, जिससे दिल खोलकर बात कर सकें। यहाँ आत्मीयता नहीं है।

इस पर मित्र जोर से हँसे और बोले – अरे, अब यहाँ भी वही हाल हो गया है। पटना अब वो वाला पटना थोड़े रह गया है। अब उस तरह से कोई किसी से नहीं मिलता। कौन किस हाल में है, पता भी नहीं रहता। अब तो पड़ोस में किसी की मौत की भी सूचना व्हाट्सएप से मिलती है।

यह मेरे लिए एक बड़ा आघात था। किसी स्वप्न के टूटने जैसा। पटना मेरे लिए एक आखिरी शरणस्थली था, लेकिन अब वह भी मुझसे छिन गया था।

हालाँकि मुझे लगा मेरे मित्र कुछ ज़्यादा ही निराश हो गये हैं। मैं कुछ दिन बाद छुट्टी लेकर जब पटना पहुँचा तो कई लोगों के मुँह से ऐसी ही बात सुनी। लेकिन दिलचस्प तो यह था कि मेरी पीढ़ी के कुछ लोग जहाँ निराश थे, वहीं एक तबक़ा परिवर्तनों को लेकर उत्साहित भी था-पटना बहुत बदल गया है, क्या नहीं है यहाँ। मॉल, मल्टीप्लेक्स, हर बड़ा फूड चेन, कैफे, बड़े-बड़े शोरूम, फ्लाईओवर। मेट्रो आ ही रही है। यहाँ से हर जगह की फ्लाइट चल ही रही है।

मैं सोचने लगा कि क्या एक बड़े देहात का एक मेट्रो सिटी में बदल जाना ही उसकी नियति है? क्या एक दिन ऐसा आयेगा जब सारे शहर एक जैसे हो जायेंगे? एक शहर से निकलकर किसी और शहर पहुँचने के बाद भी क्या यही लगेगा कि हम कहीं और गये ही नहीं? वहीं के वहीं खड़े हैं?

सचाई यह है कि हर शहर ने बहुत कुछ पाया है, तो बहुत कुछ खोया भी है। शायद इसलिए वरिष्ठ पत्रकार अरुण सिंह पटना को एक खोया हुआ शहर कहते हैं। पटना ने जो कुछ खोया हुआ है, मैं उसी को खोजता रहता हूँ, न सिर्फ़ पटना में बल्कि पटना के बाहर। मैं दिल्ली में रह रहे पटना के लोगों को भी टटोलता रहता हूँ कि उनके भीतर वह खोया हुआ पटना थोड़ा बहुत भी बचा हुआ है या नहीं। मैं उन चीज़ों की तलाश में रहता हूँ जिन्हें मैं पटना में छोड़कर गया था।

अज़ान, हरिओम शरण और कचौड़ी-जिलेबी

दरअसल मैं जिस पटना को खोज रहा हूँ, वह 1975 से 1995 के बीच का है।

जीवन की एकदम शुरुआती स्मृतियाँ तब की हैं, जब मैं पाँच-छह साल का था यानी 1975 की। 1995 में मैं रोजी-रोटी के लिए दिल्ली चला आया। ये दो दशक का जीवन मुझे बार-बार अपनी ओर खींचता है। आरंभिक धुँधली यादों को दूसरों की स्मृतियों का सहारा मिला। जैसे मेरी बेतरतीब यादों में बाद में मेरी बहन ने अपनी यादें जोड़ीं, फिर कुछ दोस्तों की यादें शामिल हुईं। इस तरह उस दौर की एक ठोस छवि मेरे ज़ेहन में बनी।

पटना की भौगोलिक स्थिति के कारण वहाँ सुबह थोड़ी जल्दी होती है और शाम भी जल्दी ढल जाती है। एक बार मुंबई से आये मेरे एक मित्र ने जब अँधेरा घिरते ही घड़ी पर नज़र डाली तो आतंकित हो गये और बोले – अरे, इतनी जल्दी कैसे रात हो गयी। यहाँ के लोग तो कुछ कर ही नहीं पाते होंगे।

पटना में जल्दी उठने का चलन रहा है। वहाँ अज़ान की आवाज़ से नींद हल्की होती है। अज़ान की भी एक अद्भुत लय होती है। अलग-अलग मस्जिद के मुअज़्ज़िनों की घड़ियों में कुछ सेकंड्स का फ़र्क़ होता था। तो पहले दूर की मस्जिद से अज़ान शुरू होती थी, फिर नज़दीक की मस्जिद से शुरू हो जाती थी। मुअज़्ज़िनों का सुर भी अलग-अलग हुआ करता था। उनमें एक रोचक उतार-चढ़ाव हुआ करता था। चूँकि माहौल एकदम शांत रहता था, सो दूर-दूर से आवाज़ें आती थीं। फिर ग़ज़ब की शांति छा जाती थी। कई लोग तो इसी समय उठ जाया करते थे तो कुछ करवटें बदलते थे। मेरी आँख फिर से लग जाती थी, कई बार नहीं भी लगती थी। अज़ान के आधे-एक घंटे के बाद ही किसी न किसी मंदिर से हरिओम शरण की आवाज़ में भजन शुरू हो जाते थे। कुछ भजनों की पंक्तियाँ तो अब भी याद हैं –

श्री राधे गोविंदा मन भज ले हरि का प्यारा नाम है।

कहीं-कहीं तो मुकेश की आवाज़ में गायी रामायण का रिकॉर्ड लगा दिया जाता था।

भजन शुरू होते-होते पौ फट जाती थी। सुबह की उजास और हरिओम शरण की आवाज़ में एक अजीब सा रिश्ता बन गया था। इस समय किरणें नहीं फूटी होती थीं। इसी वक़्त सड़कों पर हलचल शुरू हो जाती थी। लोग बड़ी संख्या में टहलते दिखायी देते थे। आमतौर पर हर घर से लोग टहलने निकल ही आते थे।

ज़्यादातर लोग लुंगी-गंजी में होते थे। लुंगी-गंजी एक तरह से उस दौर का

यूनिफॉर्म थी। एक ख़ास तरह की सूती लुंगी, जो प्रायः चारखानेदार हुआ करती थी। इसके अलावा गाढ़े नीले रंग की प्लेन लुंगी भी काफी प्रचलित थी। बनियान को वहाँ गंजी कहते हैं। अधेड़ उम्र के लोग ज़्यादातर पूरी बाँह वाली गंजी पहनते थे। पोशाक के मामले में सब बराबर थे। हो सकता था कि आपको सुबह-सुबह लुंगी-गंजी में कोई मंत्री मिल जाता या आईएएस अफ़सर मिल जाता। शहर ही नहीं राष्ट्रीय स्तर पर चर्चित कोई बड़ा डॉक्टर या इतिहासकार भी आपको उसी वेशभूषा में मिल सकता था।

लेकिन अब इधर टहलने का मामला बदल गया है। शहर के वीआईपी अब एक ख़ास इलाक़े में टहलने लगे हैं। वे अलग-अलग इलाक़ों से अपनी-अपनी गाड़ियों से संजय गांधी जैविक उद्यान आते हैं, फिर वहीं उसके कैंपस में चक्कर मारकर गाड़ियों से लौट जाते हैं। अब पोशाक भी बदल गयी है। ट्रैक शूट या निकर-टीशर्ट पहनकर टहलने वाले ख़ूब मिलने लगे हैं। लुंगी-गंजी वालों को पिछड़ा माना जाता है।

अस्सी के दशक के पहले या उसके कुछ शुरुआती वर्षों में पटना की सुबह में एक और नज़ारा देखने को मिलता था। उजाला फैलने से पहले ही शहर में धुएँ की असंख्य लकीरें उठती थीं। हर घर की छत से धुआँ उठ रहा होता। असल में उस वक़्त तक ज़्यादातर घरों में एलपीजी गैस का प्रचलन नहीं हुआ था। खाना कोयले पर बनता था। कोयला और गोइठा (उपले) मध्यवर्गीय जीवन का बड़ा हिस्सा हुआ करते थे। इनका ज़बरदस्त कारोबार था। मिडल क्लास के परिवारों में एक बड़ा काम हुआ करता था गोइठा ख़रीदकर लाना। गोइठा गिनती से मिला करता था। उसकी बिक्री की एक इकाई थी-गंडा। एक गंडा में पांच गोइठा आया करता था। कोयला ठेले पर बिकता था। ठेले वाला मोहल्ले में घूमा करता था। इसके अलावा कोयले की दुकानें भी होती थीं जिन्हें टाल कहते थे।

औरतें हथौड़ी या बड़ी ईंट से कोयले के टुकड़े करके रखती थीं। फिर चूल्हे में गोइठे के टुकड़े एक ख़ास अंदाज़ में जमाये जाते थे और उन पर कोयला रखा जाता था। गोइठे के एक छोटे टुकड़े में किरासन तेल भिंगोकर आग लगायी जाती थी और उसे चूल्हे के निचले हिस्से में रख दिया जाता था। इस तरह कोयला आग पकड़ लेता था। लेकिन कुछ देर तक काफ़ी धुआँ निकलता था।

पटना में सुबह-सुबह घरों के अलावा चाय की दुकानों और छोटे होटलों में भी

इसी तरह चूल्हे जलाये जाते। चूल्हा जलते ही चाय की बड़ी सी केतली चढ़ा दी जाती। लोग बेंचों पर जमने लगते। अख़बार आ जाते और उन्हें पढ़ने के लिए लोग टकटकी लगाये रहते। जो पहले लपक लेता वह पहला पन्ना पढ़ता और बाकी पन्ने दूसरों को थमा देता। अख़बार मिल-बाँट कर पढ़े ही नहीं जाते, उस पर गर्मागर्म चर्चा भी होती। शायद ही कोई व्यक्ति चर्चा से दूर होता। हर कोई अपने विचार ज़रूर रखता भले ही उसका विषय से कोई संबंध हो न हो। चायवाला बीच-बीच में बहस को गर्मी देता। कई बार ऐसा भी होता कि दो लोगों में ठन जाती और बाकी लोग उसका आनंद लेने लगते। कुछ लोग इस तरफ़ से तो कुछ लोग उस तरफ़ से बात को बढ़ाते। लेकिन ऐसी बहसें कभी कटु नहीं होती थीं और उनका अंत हँसी-मज़ाक़ के साथ होता था। हालाँकि नब्बे आते-आते फ़िज़ा बदली और ऐसी बहसों की सहजता कम हो गयी। लोग थोड़ा सचेत होकर बोलने लगे। कई लोगों ने चुप्पी ओढ़ ली।

चाय दुकानों का दृश्य मज़ेदार हुआ करता था। कई लोग तो दंतवन लेकर ही पहुँचे रहते थे। वहीं वे चाय वाले से पानी लेकर कुल्ला करते। कुछ लोग ट्रांजिस्टर लिये रहते और उस पर जब समाचार आ रहा होता तो सब ध्यान से सुनते। चाय वाले भी अपना ट्रांजिस्टर रखते थे। क्रिकेट मैच के दौरान तो भारी भीड़ हो जाया करती थी।

छोटे-छोटे होटलों की रौनक़ अलग हुआ करती थी। पटना में सुबह- सुबह नाश्ते में कचौड़ी-सब्ज़ी और जलेबी बनती है। मैं जिन दिनों की बात कर रहा हूँ, उस समय आम तौर पर आलू और चना की सब्ज़ी बनती थी। आलू छिल्के के साथ ही रहता था। यह चलन अब भी जारी है लेकिन सब्ज़ी बदल गयी है। अब आलू चना की जगह मटर पनीर की सब्ज़ी मिलने लगी है। यह तरक़्क़ी है शायद, पर आलू चना का वह स्वाद इसमें कहाँ!

जलेबी तो सदाबहार है लेकिन इसका एक अलग ही रूप पटना विश्वविद्यालय के इलाक़े में मिलता रहा है। वह था – जिलेबा यानी एक विशालकाय जलेबी। एक अकेला जिलेबा ही भरपूर नाश्ता था। वैसे कई लोगों को मैंने दो समोसे,जिसे पटना में सिंघाड़ा कहा जाता है, के बाद एक पूरा जिलेबा निपटाते देखा है। चाय के साथ एक ख़ास बिस्कुट बड़ा प्रचलित रहा है। इसे आम भाषा में कुड़कुड़वा बिस्कुट कहते हैं। यह बेकरी में बनने वाला बिस्कुट है। इसे देखकर लगता है जैसे बन को काफी कड़ा कर

दिया गया है। इसे डंटा बिस्कुट भी कहते थे। डंटा दरअसल डंडा का बिहारी संस्करण है। यह बिस्कुट आकार में डंडे जैसा ही होता है। कई लोग तो बस एक डंडा बिस्कुट और चाय से काम चला लेते थे। ऐसे बिस्कुट सब्ज़ीबाग़ में ख़ूब बिकते थे। कुछ और भी ऐसे बिस्कुट होते थे, जो सिर्फ़ चाय की दुकानों पर मिलते थे। वे स्थानीय बेकरियों में बनते थे। उन्हें आज तक किसी और दुकान में बिकते नहीं देखा। रस्क का चलन उस समय शायद नहीं था या कम था। कुछ दुकान वाले बन और छोटे-छोटे पीले केक और लड्डू भी रखते थे।

उस समय कई परिवारों में सिर्फ़ महिलाएँ घर में चाय पीती थीं, पुरुष बाहर ही चाय पीते थे विशेष कर सुबह वाली। चाय की दुकान वास्तव में अपने परिवेश से जोड़ने वाला एक प्लैटफॉर्म थी। चाय की दुकानों पर कई सौदे होते थे, झगड़े निपटाये जाते थे। शादी तक तय हो जाया करती थी। पूरे मोहल्ले भर की ख़बरों का आदान-प्रदान भी हुआ करता था।

सुबह-सुबह अख़बार बाँटने वाले इधर से उधर दौड़ते दिखायी देते थे। फेरीवालों में सबसे पहले पावरोटी वाले नज़र आते। पटना में खुली पावरोटी और मक्खन बेचने का चलन रहा है, जो शायद अब भी जारी है। साइकिल पर बड़ा बक्सा लादे पावरोटी वाले घूमते रहते हैं। उनकी ब्रेड एकदम ताजा गर्म, सोंधी और मीठी होती है। वैसा स्वाद मुझे कहीं और नहीं मिला। पावरोटी वाले छोटा और बड़ा टुकड़ा रखे रहते फिर चाकू से उसकी बारीक स्लाइस बनाते। वे थिन पेपर में मक्खन लपेट कर देते थे। कई बार वे केक भी लाया करते थे। क्रिसमस के आसपास केक की बिक्री बढ़ जाती थी। पटना में मक्खन की कई दुकानें मशहूर थीं जैसे हाजी मक्खन।

उन दिनों पटना के मोहल्लों में एक और दृश्य ख़ूब दिखायी देता था। दूधवाले अपनी गाय या भैंस लेकर किसी मोहल्ले में पहुँचते और वहीं उन्हें दुहते। उस जगह पर इलाक़े के सारे लोग बर्तन लेकर पहुँच जाते और दूध ले जाते। यह एक तरह से ऑनस्पॉट प्रॉडक्शन था। लेकिन इसमें बाद में बदलाव आया। पटना में कई खटाल (तबेले) बन गये, जहाँ गाय-भैंसें रहने लगीं और लोग वहाँ जाकर दूध लेने लगे।

उन दिनों सुबह में आज की तरह स्कूल बसों की चिल्ल-पों नहीं मची रहती थी। प्राइवेट स्कूलों का आज की तरह जाल भी नहीं फैला था। उस समय स्कूल वाले बच्चों

को पहुँचाने के लिए रिक्शे रखते थे। रिक्शे की सीट के आगे एक बेंच रख दी जाती थी, जिस पर छोटे बच्चे बैठते थे। मैं कई साल तक इसी तरह रिक्शे से स्कूल गया हूँ। सुबह-सुबह पटना की सड़कें ऐसे स्कूली रिक्शों से भर जाया करती थीं। कुछ डिब्बे वाले रिक्शे भी होते थे। वे टीन से बनाये जाते थे।

दिन चढ़ने के साथ ही लोगों के दफ़्तर जाने का सिलसिला शुरू हो जाता। साढ़े आठ-नौ के बाद बहुत सारी साइकिलें निकलतीं। पचासी-नब्बे के पहले तक तो सचिवालय जाने वाले छोटे-बड़े कर्मचारी ज़्यादातर साइकिल से ही जाते थे। सिर्फ़ चुनिंदा बड़े अधिकारी सफेद सरकारी एम्बैस्डर कार से चलते थे। कई प्रोफेसर, जिनमें प्रख्यात आलोचक नंदकिशोर नवल भी शामिल थे, साइकिल से चलते थे। छोटी-मोटी दूरियों के लिए रिक्शा था। स्कूटर भी कम ही लोगों के पास होता था। कुछ संपन्न लोगों के पास फिएट कार हुआ करती थी ख़ासकर डॉक्टरों के पास। मारुति कारें इक्का-दुक्का दिखने लगी थीं, लेकिन उनका चलन नब्बे के बाद बढ़ा।

लोग आराम से चलते थे। किसी को हड़बड़ी नहीं रहती थी। मैंने लोगों को कभी कहीं जाने के लिए तनावग्रस्त नहीं देखा। यह बात मुझे हमेशा अच्छी लगती रही है। यहाँ सब कुछ निश्चिंतता से होता है।

दिन चढ़ने के साथ फेरीवालों की आवक बढ़ती जाती थी। उन दिनों दही बेचने वाले ख़ूब आते थे। वे सिर पर एक बड़ी टोकरी में दही रखे होते या फिर एक बड़ी तसली में। फिर मछली वाले आते। उनके पास एकदम ताज़ा मछलियाँ होती थीं। वे पटना या उसके बाहरी इलाक़ों से मछलियाँ पकड़ कर लाते थे। पटना में तब कई तालाब हुआ करते थे, जो बाद में सूख गये या पाट दिये गये। इसकी चर्चा आगे।

एक विचित्र फेरीवाला भी आता था, जो बगेड़ी बेचता था। बगेड़ी शायद जंगली गौरैया थी या उसी प्रजाति की कोई और चिड़िया। लोग उसका माँस खाते थे। उसे बेचने वाला एक लचकदार डंडे में आगे-पीछे बाँस के बने दो झाबे (एक तरह की टोकरी) में बगेड़ी रखे होता था।

अनेक महिलाएँ सब्ज़ी बेचने आया करती थीं। वे खुसरूपुर, बख्तियारपुर जैसे आसपास के क़स्बों से आया करती थीं। वे सुबह ट्रेन से आतीं और शाम में लौट जातीं। बड़हिया से रसगुल्ले वाले भी आते। वैसे कुछ बंगाली हलवाई घूम-घूम कर मिठाई

बेचते थे ख़ासकर गुलाब जामुन और रसगुल्ले। वे भी एक बड़ी लकड़ी से दो बर्तन कंधे पर लटकाये घूमते। वे छेना की जलेबी भी बेचते थे।

इसके अलावा एक और दिलचस्प पात्र आता था, जो सिर्फ़ छेनी-हथौड़ी लिये रहता। वह सिलबट्टा कूटता था यानी उसकी सुराखें गहरी किया करता था। उन दिनों मिक्सी नहीं आयी थी और मसाला सिलबट्टे पर ही पीसा जाता था, इसलिए सिलबट्टे को खुरदुरा बनाये रखना ज़रूरी था। सिलबट्टा कूटने वाले पटना के बाहरी इलाक़ों अगमकुआँ और पटना सिटी से आया करते थे। हफ़्ते में एकाध दिन वे एक अलग ही भाव-भंगिमा के साथ प्रकट होते। वे अपने गधों पर रस्सी से सिलबट्टा लटकाये होते। लोग उनसे सिलबट्टा ख़रीदते थे।

एक बुज़ुर्ग आते थे लड़कियों का नाक-कान छेदने के लिए। वे धोती-कुर्ता पहने खाली हाथ चलते। फिर मगही में आवाज देते – 'लइकन के नाक-कान छेदैबय।' मतलब बच्चों के नाक-कान छिदवा लो। उन्हें जब बुलाया जाता तो वे अपनी जेब से एक डिब्बी निकालते जिसमें एक पीले रंग की नथ होती थी। वे उसी से बच्ची के कान में छेद कर देते। फिर कान में हल्दी का लेप लगाया जाता और बच्ची को गुड़ खाने दिया जाता। वही गुड़ उस सज्जन को भी मिलता।

एक ख़ास तरह का फेरीवाला था, जो बच्चों का बहुत प्रिय था। वह एक बड़े से पटरे पर ढेर सारा सामान रखे होता। वह पटरा सिर पर लिये चलता और हाथ में एक बड़ा मचिया (मोढ़ा) पकड़े रहता। जब उसे कोई आवाज़ देता तो वह उस मचिये पर पटरा रख खड़ा हो जाता। उसके पटरे पर कई मर्तबानों में नमकीन, रामदाना लड्डू (लाई), मूढ़ी (लैया) के लड्डू (लाई) और कई तरह के चूरन हुआ करते थे। पटरे पर एक तरफ़ मूँगफली बिखरी होती थी तो दूसरी तरफ़ लट्ठा और लट्ठो का ढेर होता था। लट्ठा ख़ालिस गुड़ का डंडा था। लगता था जैसे एक खोखली नली में गुड़ पिघलाकर जमा दिया गया हो। जबकि लट्ठो बेसन के छोटे-छोटे टुकड़ों को तलकर फिर गुड़ में पाग कर बनाया जाता था।

वह फेरीवाला अजीब ढंग से आवाज़ लगाता था। वह क्या कहता था, इसे लेकर हम बच्चों में मतभेद था। मुझे सुनाई पड़ता था – अलैट-पलैट। मैं और मेरी बहन उसे इसी नाम से बुलाने लगे। कहते – अलैट पलैट वाला आ गया। हम उससे रोज़ ही कुछ

न कुछ ख़रीदते थे। जब हमारे पास पैसे नहीं होते थे, तब हम अपनी पुरानी कॉपियाँ दिया करते थे। इसके बदले वह हमें कुछ न कुछ दिया करता था।

बच्चों के आकर्षण की और भी चीजें थीं जैसे बुढ़िया के बाल, जिसे पटना में हवा मिठाई कहा जाता था। एक और मिठाई थी, जिसका नाम याद नहीं पर उसे देसी च्युंइगम कह सकते हैं। वह चीनी की हुआ करती थी। एक मोटे से लट्ठ पर च्युंइगम जैसा वह चिपचिपा पदार्थ जमाया हुआ होता और पॉलिथीन से लपेटा होता। उसे बेचने वाला उसके छोटे-छोटे टुकड़े तोड़ता और एक सींक पर उसे लपेट कर हुक्का और लालटेन जैसी आकृति में ढालकर हमें देता।

कई आइसक्रीम वाले भी आते। एक आइसक्रीम वाला तो अपनी अलग वेशभूषा के लिए ही मशहूर हो गया था। वह अब भी नज़र आता है। वह भगत सिंह बना रहता था। वह खाकी हाफ पैंट और कमीज़ पहनता और खाकी हैट लगाये रहता। उसकी मूँछें भगत सिंह की तरह पतली थीं।

ठेले पर खीरा और ककड़ी भी बिकती थी। दस या बीस पैसे में खीरा और ककड़ी का एक टुकड़ा मिलता था नमक लाल मिर्च लगाकर। दोपहर के आसपास बर्तन वालियाँ या बर्तन वाले आते। वे घर-घर घूमकर पुराने कपड़ों के बदले बर्तन देते। एक समय प्लास्टिक के टूटे चप्पल लेने वाले भी आते थे। वे चप्पलों के बदले मूँगफली देते थे। धुनिया पैदल घूमते रहते थे। वे कंधे पर धुनकी (रूई धुनने वाला संयंत्र) रखे रहते थे। कोई उन्हें आवाज़ देता तो वे उसके अहाते या ओसारे पर रूई धुनने लगते। धुनने की प्रक्रिया देखने में मुझे बड़ा आनंद आता था। रद्दी ख़रीदने वाले दिन भर साइकिल से घूमते रहते थे। वे सिर्फ़ यह आवाज़ नहीं लगाते कि पुराने अख़बार बेचिये बल्कि यह कहते कि पुराने अख़बार और *धर्मयुग* बेचिये। *धर्मयुग* की लोकप्रियता का इससे बड़ा प्रमाण और क्या हो सकता है। उन दिनों प्रायः हर पढ़े-लिखे परिवार में *धर्मयुग* अनिवार्य रूप से ख़रीदी जाती थी।

ऐसा नहीं था कि सुबह होने के साथ मोहल्ले में ये फेरीवाले ही दर्शन देते। सुबह से शाम तक तरह-तरह के मंगते मतलब माँगने वाले भी आते थे। इनमें भिखारी, साधु, कुछ पीड़ित लोग और चंदाजीवी भी आते थे। पीड़ितों में कितने वास्तविक पीड़ित थे और कितने ठग, यह आज तक समझ में नहीं आया, लेकिन उन्हें कुछ न कुछ दे देना

हम अपना सामाजिक दायित्व मानते थे। जैसे कुछ लोग डॉक्टर की बहुत सारी पर्चियाँ रखे रहते और उन्हें दिखाकर कहते कि उनकी बहन को कैंसर है, इलाज के लिए मदद चाहिये। कुछ लोग बहन की शादी के लिए सहायता माँगते। कुछ लोग पिता के श्राद्ध के लिए पैसे माँगते। कुछ लोग तो आकर अपनी कटी हुई जेब दिखाते और कहते कि पॉकेट कट गयी है, घर लौटने के लिए भाड़ा नहीं है।

कई लोग रसीद लिये आते और कहते कि अमुक जगह मंदिर बन रहा है या अष्टयाम कीर्तन होने वाला है, चंदा दीजिये। गुरु गोविंद सिंह या गुरु नानक की जयंती पर कुछ सिख लोग चंदा माँगने आते थे। चंदा माँगने वाला एक ख़ास समूह मेरे विशेष आकर्षण का केंद्र था। कुछ लड़के बैंड बजाते हुए आते थे और पैसे माँगते थे। उनके बारे में कहा जाता था कि वे अनाथालय के लिए पैसे इकट्ठा कर रहे हैं। हालाँकि उन्हें मैंने अपने बचपन के शुरुआती वर्षों में ही देखा, बाद में नहीं। वे जब भी सामने से गुजरते मैं दुःखी हो जाता था।

छठ के दिनों में सूप लेकर अधेड़ बच्चे और महिलाएँ पैसे माँगती थीं। कहा जाता था कि उन्होंने भीख माँगकर त्योहार मनाने की मन्नत माँगी है। उन दिनों एक व्यक्ति एक रस्सी लेकर आता और चुपचाप खड़ा हो जाता। उसके बारे में कहा जाता कि उसकी बोली चली गयी है क्योंकि उसकी गाय खूँटे में बँधी हुई ही मर गयी है। वह भीख माँग कर प्रायश्चित कर रहा है। अब उसकी बोली सचमुच चली जाती थी कि नहीं, कहना मुश्किल था। लेकिन वह बोलता नहीं था, इशारा करके रस्सी दिखाता था। माँ कहती थी, उसे वध लग गया है।

साधु भी तरह-तरह के आते थे। कोई आते ही भविष्य बताने लगता था। कोई भजन गाता रहता था। एक बार बाउल गाते हुए साधु आये थे। एक बार एक साधु तो हाथी के साथ आया था। साधु में कुछ केवल अनाज लेते तो कुछ केवल पैसे। एक साधु तो बाक़ायदा फ़रमाइश करता कि जाओ तेल लेकर आओ या हल्दी लेकर आओ। कई साधुओं को हम पहचान गये थे। एक दिन एक साधु से मैंने कहा था कि मैं भी उसके साथ चलना चाहता हूँ। उसने कहा कि साधु-संन्यासियों का जीवन बेहद कठिन होता है। कई बार बहुरुपिये भी आते थे। वे आमतौर पर काली या भगवान शिव जी का भेस धारण करके आते थे। उनमें एक बहुरुपिया राक्षस बनता और बच्चों

से कहता था-बताओ तुम्हें कैसे खाऊँ कच्चे खाऊँ या पका कर खाऊँ? उसका नाम ही कच्चे खाऊँ पड़ गया। वह जब भी आता हम बच्चे कहते-कच्चे खाऊँ आ गया।

ये सारे आगंतुक बेझिझक गेट ठकठकाते रहते और जल्दी टस से मस नहीं होते। वैसे उनसे प्रायः कोई ख़राब ढंग से पेश नहीं आता था। पूरे मोहल्ले में दिन भर इन लोगों का आना लगा ही रहता। मेरा शुरुआती बचपन गर्दनीबाग़ में गुजरा। उसके बाद मैं कंकड़बाग़ आ गया। दोनों बाग़ों का जीवन कमोबेश एक जैसा ही था।

रोड नंबर 6-डी, गर्दनीबाग़

मेरा जन्म गर्दनीबाग़ मोहल्ले में हुआ था। इस मोहल्ले का गर्दन से क्या संबध है, यह आज तक समझ में नहीं आया। कुछ लोगों का कहना था कि यहाँ बाग़ बहुत हुआ करते थे, इसलिए इसका नाम गर्दनीबाग़ पड़ा। लेकिन गर्दनी क्यों? एक विचित्र कथा यह है कि यह इलाक़ा आदिवासी लोगों का गढ़ हुआ करता था। यहाँ गर्दनिया नामक आदिवासी रहते थे जो यात्रियों से लूटपाट कर उन्हें जान से मार देते थे।

बहरहाल गर्दनीबाग़ के चितकोहरा में मैं पैदा हुआ। चितकोहरा अपने अनाज बाज़ार के लिए प्रसिद्ध रहा है। वैसे जन्म की बात चली है तो एक दिलचस्प बात बता दूँ कि हम भाई-बहन अस्पताल में नहीं पैदा हुए। पहले बच्चों का जन्म घरों में ही हुआ करता था। घर पर ही नर्स को बुला लिया जाता था और वह प्रसव कराती थी। इस कार्य में घर की कामवाली या अन्य महिलाएँ सहयोग किया करती थीं। नर्स प्रायः सरकारी अस्पताल की हुआ करती थी। इस तरह घर जाकर प्रसव कराना उसकी प्राइवेट प्रैक्टिस या ऊपरी कमाई होती होगी। आज यह सोचकर अजीब लगता है कि पहले लोग कितना बड़ा जोखिम मोल लेते थे। हालाँकि सच यह है कि हम सब भाई बहन कुल मिलाकर स्वस्थ ही रहे।

चितकोहरा में पैदा ज़रूर हुआ पर मैंने होश सँभाला गर्दनीबाग़ के रोड न. 6-डी में। मेरे पिताजी सचिवालय में काम करते थे और हमलोग तब तक किराये के मकानों में रहे, जब तक पिताजी को कंकड़बाग़ में फ्लैट नहीं मिल गया। तो हम चितकोहरा से छह नंबर पहुँच गये, पिछले से बेहतर मकान में। 6- डी से जुड़ी कई यादें हैं। मेरी पढ़ाई यहीं शुरू हुई। यहीं मैंने 75 की बाढ़ देखी। इस मोहल्ले में ज़्यादातर सरकारी

बाबू रहा करते थे, जिनमें से कई बंगाली थे। वैसे भी पटना उस समय बाबुओं का शहर था। शहर में तीन तरह के लोग मुख्य रूप से रहते थे – सचिवालय या कोर्ट कचहरी के कर्मचारी, स्कूल या कॉलेज के शिक्षक और छोटे कारोबारी।

वह एक अलग ही दौर था, जब जीवन में आज की तरह भागदौड़ नहीं थी, तनाव नहीं था। लोग आम तौर पर महत्त्वाकांक्षाएँ नहीं पाला करते थे और संतोष के साथ सुकून की ज़िन्दगी जीते थे। उन दिनों मेरे घर में न गैस चूल्हा था, न फ्रिज, न ही सोफा। इन चीजों को हासिल करने का कोई दबाव भी नहीं था। गर्मियों में सुराही में पानी रखा जाता। सुराही को ठंडा रखने के लिए उसके नीचे रेत रखी जाती। घर के बाहर एक बरामदा था, जिस पर एक चारपाई पड़ी रहती। जो मेहमान आते उस पर हाथ-पाँव मोड़कर बैठ जाते। पिताजी साइकिल भी नहीं चलाते थे। वे पैदल ही दफ़्तर चले जाते थे। उस समय चार या पाँच किलोमीटर पैदल चलकर कहीं जाना आम बात थी। सब लोग ख़ूब पैदल चलते थे। पिताजी देर होने पर रिक्शा ले लिया करते थे।

शाम में दफ़्तर से आने के बाद वे लाइब्रेरी जाया करते। उन दिनों गर्दनीबाग़ में दो महत्त्वपूर्ण पुस्तकालय थे – गेट पब्लिक लाइब्रेरी और शिवपूजन सहाय पुस्तकालय, जिसे हिन्दी साहित्य संघ चलाया करता था। पिताजी की शाम इसी शिवपूजन सहाय पुस्तकालय में गुज़रा करती थी। वहाँ नियमित रूप से साहित्यिक आयोजन हुआ करते थे। पिताजी मुझे अकसर वहाँ ले जाया करते थे। वहाँ शहर के प्रमुख साहित्यकार जुटते थे, जिनमें गोपीवल्लभ सहाय भी थे। उनके छोटे भाई रमावलल्लभ सहाय लाइब्रेरी संभालते थे। जीवन का जो पहला साहित्यिक आयोजन मुझे याद है, वह यहीं हुआ था। वह था भोजपुरी के प्रसिद्ध कवि अविनाश चन्द्र विद्यार्थी के महाकाव्य ‘कौशिकायन’ का लोकार्पण। मैं इस कार्यक्रम के समाप्त होने से पहले ही चलने की ज़िद करने लगा । जब हम चलने लगे तो रमावल्लभ जी ने मुझे बुलाकर एक गुलाब जामुन खिलाया।

पुस्तकालय जाने का सिलसिला बहुत बाद तक जारी रहा। जब हम कंकड़बाग़ रहने चले गये तो भी कई बार मैं अपने लिए बहुत सारी किताबें यहाँ से ले गया। लेकिन उस समय तक यह पुस्तकालय उजड़ने लगा था। मेरे पिताजी काफी व्यस्त हो गये और उन्होंने यहाँ आना छोड़ दिया। कई वर्षों के बाद जब मैं गर्दनीबाग़ गया तो पता

चला कि लाइब्रेरी बंद हो चुकी है। हिन्दी साहित्य संघ बिखर गया। ऐसा कैसे हुआ, मालूम नहीं।

गर्दनीबाग के 6-डी के पास एक छोटा सा बाज़ार था – बाबू बाज़ार। मेरे और मेरी बहन के लिए एक बड़ा एडवेंचर था – बाबू बाज़ार जाकर कुछ ख़रीद कर खाना। हमें उतनी दूर जाने की इजाज़त नहीं थी, इसलिए हम छिपकर जाते थे। पिताजी ज्यों ही निकलते और माँ अपने काम में व्यस्त होती, हम दौड़ कर बाबू बाज़ार पहुँच जाते। वहाँ हम पाँच पैसे की कचरी-घुघनी खाते।

कचरी पटना का सबसे सर्वसुलभ स्ट्रीट फूड रही है। पहले यह हर चौराहे पर नज़र आती थी, अब नहीं के बराबर दिखायी देती है। कचरी एक तरह से दाल की पकौड़ी है। यह खेसारी दाल को पीसकर बनायी जाती है। इसे तीसी के तेल में तला जाता है। घुघनी को काले चने की सब्ज़ी कह सकते हैं। एक दोने में थोड़ी घुघनी के साथ कचरी खाने का अलग ही आनंद था। वैसे कचरी मूढ़ी के साथ भी खायी जाती थी। (हालाँकि खेसारी दाल को स्वास्थ्य के लिए हानिकारक माना जाता था, इसलिए कचरी को मध्यवर्ग ने नहीं अपनाया। वैसे कचरी ग़रीबों का चखना भी हुआ करती थी।)

हमले गों को कचरी खाने से मना किया जाता था। लेकिन हमलोग छुपकर खाते और खाने के बाद इस तरह लौटते जैसे किला फ़तह कर लिया हो। हम दोनों भाई बहनों ने एक दूसरे से वादा किया था कि यह राज़ खोलना नहीं है।

बाबू बाज़ार में ही पहली बार मैंने लुहार को देखा था। उसकी भाथी ने मुझे चमत्कृत किया था। लुहार के पास हम एक ख़ास मकसद से जाते थे। दरअसल हमारे लट्टू की गूंज (कील) वही लगाता था। हम दुकान से लट्टू ख़रीदकर उसके पास जाते। उसके पास कील रहती थी, वह उसे सरसी से पकड़ कर आग में कुछ देर रखे रहता फिर लट्टू में बने छेद के पास रखकर हथौड़े से मारता। इस तरह कील उसमें घुस जाती।

बाबू बाज़ार में घुघनी भरी कचौड़ियाँ भी मिलती थीं और तरह-तरह के चूरन वाले पैकेट भी। चूरन के पैकेट में एक पर्ची होती थी। अकसर वह खाली होती लेकिन कभी-कभार उसमें किसी खिलौने का नाम लिखा होता। जिसे यह पर्ची मिलती उसे खिलौना मिल जाता। इसे हम पाचक वाली लॉटरी कहते थे। एक समय मुझे इसकी लत पड़ गयी थी और मैं दीदी को छोड़कर अकेले ही चला जाता।

गर्दनीबाग़ के 27 नंबर रोड में मेरे नाना रहते थे। यानी गर्दनीबाग़ में ही मेरी ननिहाल भी थी। हमलोग छुट्टियों में या किसी त्योहार में ननिहाल जाते थे। बाद में 28 नंबर में मेरे चाचा आ गये। इस तरह 27-28 नंबर जाना हमारे लिए एक उत्सव हुआ करता था। ये दोनों रोड रेलवे लाइन के किनारे थे। हर थोड़े समय के बाद उससे एक गाड़ी गुजरती। जब भी कोई गाड़ी आती तो मैं दौड़कर बाहर आता। गाड़ी जाते हुए देखना बड़ा अच्छा लगता था। कई बार सिग्नल न होने पर गाड़ी वहीं ठहर जाती। मैं खड़ा होकर यात्रियों को देखता रहता। मैं भी ट्रेन से लंबी यात्रा करने की कल्पना किया करता था, पर लंबे समय तक रेलयात्रा का संयोग नहीं बना। इसका कारण यह था कि उस समय कहीं बाहर जाने का मतलब होता था अपने गाँव जाना।

बच्चा बाबू का जहाज़

मेरा गाँव कोइलख, मधुबनी जिले में पड़ता है। जब तक गांधी सेतु नहीं बना था, स्टीमर और बस से ही गाँव पहुँचना सुविधाजनक समझा जाता था। हालाँकि बीच की यात्रा रेलगाड़ी से पूरी की जा सकती थी लेकिन वह पिताजी को पसंद नहीं थी। वैसे गंगा पार करने के लिए जहाज़ तो लेना ही था। उस समय गंगा में सरकारी और निजी दोनों तरह के जहाज़ चलते थे। सरकारी में भारतीय रेलवे की जहाज़ सेवा थी और उसके अलावा बच्चा बाबू के जहाज़ चलते थे।

बच्चा बाबू बिहार के एक ज़मींदार थे। उनके अपने जहाज हुआ करते थे। उनके जहाज बाँसघाट से खुलते थे और सरकारी जहाज़ महेंद्रू घाट से। हम प्रायः बच्चा बाबू के जहाज़ से ही जाया करते थे। वह सुबह छह से सात के बीच खुलता था। वह एक अद्भुत सफर हुआ करता था। जहाज़ घाट पर भी कुलियों की भीड़ रहती थी। जहाज़ पर ज़रूरी सामान के अलावा साइकिल और बकरियाँ भी लदी होती थीं। खाने-पीने का सामान भी ख़ूब बिका करता। एक ख़ास तरह का पापड़ मिलता था, जो मैं ज़रूर खाता था।

जहाज़ खुलने के बाद कई लोग 'गंगा माई की जय' का नारा लगाते। कुछ लोग नदी में पैसे भी फेंकते। जहाज हमें पहलेजा घाट ले जाता था। वहाँ से फिर जीप या टैक्सी से हम मुजफ्फरपुर जाते, जहाँ से बस पकड़ कर दरभंगा फिर अगली बस से

मधुबनी और वहाँ से रिक्शा से गाँव। लौटते समय अकसर सरकारी जहाज़ मिलता। पटना पहुँचते-पहुँचते रात हो जाती। पानी के बीच अँधेरे में चलते हुए जहाज़ से पटना को देखने में बड़ा अच्छा लगता। मालूम पड़ता जैसे पहाड़ पर असंख्य जुगनू टिमटिमा रहे हों। जहाज जेट्टी से सटकर खड़ा हो जाता। जेट्टी भी एक छोटे जहाज़ जैसी ही लगती थी। जहाज जब तट के करीब आने लगता तो लाल कपड़े पहने खड़े ढेर सारे कुली दिखायी देते। उस समय कुलियों की पोशाक थी-लाल कुर्ता और सफेद धोती। महात्मा गांधी सेतु बनने के बाद जहाज़ चलने बंद हो गये। तब गाँव पहुँचने का वक़्त करीब चार से पाँच घंटा कम हो गया।

गर्दनीबाग़ में स्कूल की प्रारंभिक पढ़ाई हुई। स्कूल घर के नज़दीक ही था। हम दोनों भाई-बहन पैदल ही स्कूल जाते। उन्हीं दिनों पिताजी मुझे नाटक दिखाने ले गये थे। उसके बाद मेरे ऊपर नाटक का भूत सवार हो गया। उस समय हमारे घर में एक बहुत बड़ा पलंग हुआ करता था, जिसमें मच्छरदानी लगाने के लिए चारों तरफ़ से डंडे लगे हुए थे। मैं उन्हीं डंडों पर दो चादर टाँगकर पर्दा बनाता था। पिताजी के कपड़े पहन लेता और माँ के मेकअप बॉक्स का इस्तेमाल अपने मेकअप के लिए करता।

इन नाटकों में मेरी बहन और पड़ोस के एक-दो बच्चे भी शामिल हुआ करते थे। एक बार मैं पिताजी का एक कुर्ता पहन कर अभिनय कर रहा था। तभी मेरे एक टीचर आ गये और मेरा नाम लेकर पुकारने लगे। वे मुझे बहुत मानते थे और मैं भी उन्हें पसंद करता था। मेरी माँ ने उन्हें बाहर के कमरे में बिठाया और मुझे आवाज़ दी। लेकिन मैं कुर्ता खोल ही नहीं पा रहा था। टीचर को लगा कि मैं डर के मारे नहीं आ रहा हूँ। उन्होंने मुझे आश्वस्त किया कि मैं डर छोड़कर सामने आ जाऊँ। मुझे लगा कि मैं अगर नहीं गया तो डरपोक साबित हो जाउंगा, सो मैं किसी तरह वही कुर्ता पहने गिरते-पड़ते पहुँचा। मुझे देख वे भौंचक रह गये। उन्होंने तो कुछ नहीं कहा लेकिन माँ ने बाद में बहुत डाँटा। पिताजी ने उस घटना का बहुत आनंद लिया। वे ख़ुद एक रंगकर्मी थे और कभी-कभार हमारे नाटकों में भी शामिल हो जाते थे।

रविवार के दिन अगर बाज़ार भी जाना होता तो वे मुझे अपने साथ ज़रूर ले जाते। आमतौर पर रोजमर्रा की छोटी-मोटी चीजें बाबू बाज़ार या साधनापुरी से आती थीं, पर महीने भर का राशन या कपड़े वगैरह चितकोहरा बाज़ार से आते। चितकोहरा

में अनाज मंडी थी। वहाँ एक ही चीज़ मुझे आकर्षित करती थी। वह थी घोड़ों की कतार। मंडी में टमटम से अनाज लदकर आते। बाज़ार के एक हिस्से में टमटम खड़े होते। दूसरी तरफ़ घोड़े खड़े होते। घोड़ों को खिलाने के लिए एक बड़ा झोला उनके मुँह में टाँग दिया जाता। लगता गावतकिये (मसनद) का खोल उनके मुँह से लटका दिया गया हो। उस बाज़ार के एक ख़ास हिस्से से गुज़रते हुए एक अजीब सी गंध आती थी। पता चला कि वह हुक्के के चिलम की गंध है। वहाँ वह चिलम बना करता था। एक दुकान में सैकड़ों लालटेन टँगी रहती थीं।

हम लोग टेनी मियाँ की दुकान से कपड़े ख़रीदा करते थे। उस समय बच्चों के लिए रेडीमेड कपड़े ख़रीदे जाते थे, जबकि वयस्क अपने लिए थान से कपड़े कटवा कर लेते थे। पैंट पीस और शर्ट पीस का चलन था। फिर उस पीस से दर्जी से पैंट और कमीज़ सिलवाई जाती थी। इसलिए दर्जियों का धंधा ख़ूब चलता था। सबके अपने फैमिली टेलर मास्टर थे। दशहरा और होली के मौके पर ये दिन-रात काम करते।

उन दिनों सारे फैशन फिल्मों से तय होते थे। *बॉबी* और *जूली* जैसी फिल्म से बॉबी प्रिंट और जूली साड़ी फैशन में आयी थी। बॉबी प्रिंट में सफेद कपड़े पर किसी एक रंग के ढेरों गोले बने होते थे। यही था बॉबी प्रिंट। बेलबॉटम भी शायद बॉबी फिल्म से ही चलन में आया था। हेयर स्टाइल भी फिल्म के आधार पर ही तय होती थी। मेरे एक मामा विनोद खन्ना के फैन थे और विनोद खन्ना जैसे बाल रखते थे।

उस समय पटना में सिंगल स्क्रीन वाले कुछ सिनेमा हॉल थे। लेकिन लोगों ने फिल्म देखने का एक और तरीक़ा खोज रखा था। उस समय प्रोजेक्टर लाकर खुले में फिल्म का प्रदर्शन किया जाता था। त्योहारों के मौके पर भी इस तरह का शो आयोजित होता। किसी मैदान में या सड़क पर ही बाँस के दो बल्ले गाड़ दिये जाते और उनसे एक सफेद चादर बाँध दी जाती। लोगों के बैठने के लिए दरी या चादर बिछायी जाती थी। लेकिन बहुत से लोग ज़मीन पर ही बैठते। उस समय यह बात अगर फैल जाती कि अमुक रोड में सिनेमा दिखाया जा रहा है, तो दूर-दूर से लोग चले आते थे। मैंने अपने जीवन की पहली फिल्म *सात हिंदुस्तानी* इसी तरह खुले में सड़क पर ही देखी थी। सड़क पर बैठकर सिनेमा देखने में सभी वर्गों के लोग शामिल रहते थे। मोहल्ले के संभ्रांत परिवारों की महिलाएँ भी बड़ी संख्या में फिल्म देखने आती थीं। उस समय

सामाजिक स्तर पर दूरियाँ नहीं थीं। मोहल्ले में सभी लोग एक-दूसरे को जानते थे और उनमें आपसी संवाद भी बना रहता था।

हालाँकि बाद में कुछ लोगों ने इस तरह के प्रदर्शन के लिए टिकट लेना भी शुरू कर दिया। उसके लिए मैदान को कनात से घेर दिया जाता और प्रवेश स्थल पर मोहल्ले के दबंग टाइप नौजवान खड़े रहते। वैसे यह प्रयोग बहुत सफल नहीं रहा। मेरे पिताजी मज़ाक़ में ऐसे सिनेमा प्रदर्शन स्थल को दरिद्र नारायण हॉल कहा करते थे।

उन दिनों कुछ अलग तरह के साहसिक प्रदर्शन भी हुआ करते थे। जैसे कोई व्यक्ति आता और तीन या चार दिनों तक लगातार साइकिल चलाता रहता। उसके साथ के लोग बताते कि वह हर काम साइकिल पर ही करता है। हम लोग उसे देखकर दांतों तले उँगली दबा लेते। वह जब तक रहता हमारे लिए चर्चा का विषय होता। वह हमारी नज़रों में हीरो होता। कई बार मैं अकेले में उसके बारे में सोचता और परेशान हो जाता। कई तरह के ख़याल आते कि आख़िर उसने यह फ़ैसला कैसे किया। क्या उसे इतने पैसे मिल जाते होंगे कि उसका जीवनयापन हो सके वगैरह, वगैरह।⊠बंदर नचाने वाले भी आया करते और सँपेरे भी। एक शख़्स तो साँप और नेवला दोनों लेकर आता था और दावा करता था कि दोनों की लड़ाई दिखायेगा लेकिन लड़ाई होती नहीं थी। वह बातों के जाल में इस तरह फँसाता कि लोग लड़ाई की बात भूल जाते थे। स्कूल में मैजिक शो हुआ करते थे। हैट वाला जादूगर आकर्षित करता था।

उन दिनों गर्दनीबाग़ की प्राकृतिक छटा देखने लायक थी। सड़क के किनारे बड़े-बड़े छायादार पेड़ थे, जिनमें अमलतास, गुलमुहर और सेमल प्रमुख थे। गर्मी के दिनों में अमलतास का पीलापन और गुलमुहर की लाली चमत्कृत करती थी। वहाँ जितने भी सरकारी फ्लैट थे, सबमें एक अहाता हुआ करता था। प्रायः सभी लोग उसमें फूल ज़रूर लगाया करते थे। हर अहाते में गेंदा, गुल.ब, उड़हूल (गुड़हल) कनेर, डालिया और हरसिंगार के फूल होते थे। कई लोगों ने अमरूद, आम और नींबू भी लगा रखे थे। उन पर तरह-तरह के पक्षी आते रहते थे। उतने पक्षी मैंने पटना में फिर नहीं देखे। वहीं मैंने पनमुर्गी देखी। नीलकंठ, मैना और कठफोड़वे देखे। कई ऐसे पक्षी देखे, जिनके नाम भी मुझे नहीं मालूम। गौरैया तो घर का अभिन्न हिस्सा थीं।

हमारे घर में बड़ी-बड़ी रोशनदानें थीं, जिनमें से ज़्यादातर में गौरैया ने अपने

घोंसले बना रखे थे। पौ फटते ही वे इतना ज़्यादा शोर मचाने लगतीं कि घर के लोगों का सोना मुश्किल हो जाता। वे चुन-चुन-चुन करती हुई आपस में लड़ने लगती थीं। कबूतरों की कई प्रजातियाँ दिखायी देती थीं।

बचपन में मेरे पिताजी मुझे फिल्म दिखाने कभी नहीं ले गये। वे दोस्तों के साथ जाते होंगे या माँ के साथ। माँ के साथ मैंने सिनेमा हॉल में पहली फिल्म देखी, वह थी महमूद की – *कुँवारा बाप*। उस समय साल में एक या दो बार सर्कस ज़रूर आते। हमलोग सपरिवार सर्कस देखने जाते। सर्कस का प्रदर्शन हार्डिंज पार्क (वीर कुंवर सिंह पार्क) में हुआ करता था। जिन दिनों सर्कस चल रहा होता, वह हम बच्चों की चर्चा में शामिल रहता। सर्कस का प्रचार करने के लिए कोई न कोई गाड़ी मोहल्ले में घूमती और पैंफलेट फेंकती, जिसे हमलोग लूटते। रात में आकाश में एक रोशनी की मोटी लकीर दिखायी देती। वह भी सर्कस का प्रचार था। सर्कस के अलावा हमारे आकर्षण का केंद्र था सोमवारी मेला, जो साल में एक बार सावन के महीने में लगता था। हमलोग सपरिवार मेला देखने जाते। मेले से हम लकड़ी और टीन के खिलौने ख़रीदते। मेले में कई तरह के तमाशे दिखाये जाते थे। एक तमाशा ऐसा था, जिसमें आईने के अलग-अलग कोणों के इस्तेमाल से कई तरह के दृश्य बनते थे जैसे किसी व्यक्ति का सिर्फ़ सिर दिख रहा है। कभी सिर ही गायब है या कभी दो पैर दिख रहे हैं या केवल दो हाथ। ऐसे बच्चे भी दिखाये जाते थे, जिनके चार पैर होते थे या सूंढ़ जैसे मुँह। ऐसे मृत बच्चे किसी मर्तबान में किसी केमिकल में रखे होते। ये सारी चीज़ें उस वक़्त गजब का रोमाँच पैदा करती थीं। मैं ये सब देखता तो उनकी नकल उतारने की कोशिश करता। जैसे तमाशे का सूत्रधार जिस तरह से लोगों को संबोधित करता था, मैं उसी तरह से बोलकर सुनाता, तो सब हँसते। यह सब मेरे खेल का हिस्सा बन जाता।

और उजड़ गया बाग़

गर्दनीबाग़ की बहुत सारी यादें हैं। दिल्ली आने के बाद जब भी मैं पटना जाता, गर्दनीबाग़ ज़रूर जाता। वहाँ चाचा और भाइयों से मुलाकात होती। एक बार मैं दशहरे के मौके पर आया था तो वहाँ की ठाकुरबाड़ी का दशहरा देखने गया, जो मुझे बचपन में बहुत आकर्षित किया करता था। ठाकुरबाड़ी का परिसर मुझे इस बार बेहद छोटा

लगा, जो बचपन में बहुत बड़ा लगता था। फिर कुछ दिन बाद सुना कि गर्दनीबाग़ वह गर्दनीबाग़ नहीं रह जायेगा। सरकार गर्दनीबाग़ में 268 एकड़ ज़मीन पर मंत्रियों, जजों और सरकारी अफ़सरों के लिए एक हज़ार से ज़्यादा आवास बनाने जा रही है। आवासीय भवनों के अलावा कई सरकारी विभागों के दफ़्तर, शॉपिंग मॉल, अस्पताल आदि भी बनेंगे। यह सुनने के बाद मन बड़ा खिन्न हो गया। एक-दो लोगों से पता किया तो उन्होंने बताया कि गर्दनीबाग़ तो मलबे में तब्दील हो चुका है। उसके बाद जब मैं पटना आया तो जाकर देखा तो होश उड़ गये। चारों तरफ़ मिट्टी के पहाड़ दिखे। सड़कों पर गंदा पानी बह रहा था। कई जगह विशालकाय मशीनें लगी थीं। एक बाग़ उजड़ गया था।

गौरतलब है कि गर्दनीबाग़ 1920-30 में विकसित किया गया था, जब सचिवालय व अन्य सरकारी भवन बनाये जा रहे थे। सचिवालय व अन्य दफ़्तरों में काम करने वाले कर्मचारियों के रहने के लिए गर्दनीबाग़ में 700 से अधिक एक मंजिला मकान बनाये गये थे। इन आवासों में सरकारी अफ़सर रहते थे बाकी खाली हिस्से में जंगल थे। लेकिन अफ़सरों की रोजमर्रा की ज़रूरतें पूरी करने के लिए और लोगों की आवश्यकता थी। जैसे घरों में काम करने, कपड़े धोने, शौचालयों की साफ़-सफ़ाई आदि के लिए। इस तरह के कामों की संभावना को भाँपकर ही दूसरे ज़िलों से लोगों का आना शुरू हुआ। ये लोग इन्हीं सरकारी मकानों के आसपास झोंपड़ियाँ बनाकर रहने लगे। जाहिर है सरकारी अफसरों को भी इससे सुविधा हुई, क्योंकि वे लोग हर समय उपलब्ध थे।

यहाँ आकर बसने वालों को भी यहाँ कि ज़िन्दगी गाँवों-क़स्बों के जीवन से बेहतर लगी लिहाजा उन्होंने अपनी पुश्तैनी ज़मीन बेच दी और सपरिवार यहाँ रहने लगे। इन्हीं पतों से उन्होंने वोटर कार्ड से लेकर राशन कार्ड, बिजली कनेक्शन और आधार कार्ड तक बनवा लिए। आज जबकि गर्दनीबाग़ को उजाड़ा जा रहा है, सबसे ज़्यादा संकट इसी तबक़े के सामने है। सरकारी अफ़सरों के लिए कोई समस्या नहीं है क्योंकि समय के साथ उन्होंने अपने रहने के लिए दूसरे इंतज़ाम कर लिए। उनमें से कई ने अपने अलग फ्लैट ख़रीदे और गर्दनीबाग़ के इन आवासों को किराये पर दे दिया। किरायेदारों ने मकानों की देखरेख ढंग से नहीं की इसलिए कई मकान एकदम जर्जर

हो गये। फिर सरकार ने जबसे यहाँ नये निर्माण कराने का फ़ैसला किया तब से उसने अपने अफ़सरों के लिए यहाँ मकान का आवंटन भी बंद कर दिया।

सचाई यह है कि पिछले अनेक वर्षों से गर्दनीबाग़ का यह इलाक़ा सरकारी बाबुओं का नहीं बल्कि राज्य के अन्य इलाक़ों से आये ग़रीब मेहनतकश लोगों का एक प्रमुख ठिकाना बन गया था, जिन्हें आज विस्थापित किया जा रहा है। ऐसे कितने परिवार हैं, इसका कोई आधिकारिक आँकड़ा नहीं है लेकिन इनकी अनुमानित संख्या 2500 से 3000 बतायी जा रही है। इन पंक्तियों के लिखे जाने तक उनके रहने की कोई वैकल्पिक व्यवस्था नहीं की गयी है।

जिन्होंने गर्दनीबाग़ में अपना बचपन गुज़ारा है, वे अपने मोहल्ले को इस तरह उजड़ते देख व्यथित हैं। उनमें से कई लोगों का कहना है कि गर्दनीबाग़ को हेरिटेज प्लेस के रूप में विकसित कर उसकी मौलिक पहचान को सुरक्षित रखने की ज़रूरत थी। गर्दनीबाग के उजड़ने की पीड़ा इस मोहल्ले में अपना बचपन गुजारने वाले पटना के सुपरिचित कवि शिवदयाल की इस कविता में व्यक्त हुई हैः

अंत, अंत हे गर्दनीबाग!

इस वसंत
अंतिम बार फुलाया है सेमल
सुग्गों-कठफोड़वों की
अंतिम चहचहाहट है यह
सेमल के फूलों की लाल-लाल
लहलहाहट में
कैसे लहालोट हो रहे हैं पंछी –
अंतिम बार, अंतिम बार!
पुटुस की झाड़ियों की
खटतूरस गंध
अब हमेशा-हमेशा के लिए
शेष होने वाली है

न मालूम
रंगबदलू गिरगिटान
अब कहाँ ठौर पाएँगे
किस देश जाएँगी
उधेड़बुन में दौड़ लगातीं,
एक-दूसरे को छकातीं
ढीठ गिलहरियाँ
अबकी गर्मी तक
सिरफल वृक्षों को
अपनी उदारता दिखाने का
मौका शायद ही मिले
लू के थपेड़ों से जूझती टिटिहरी
थक कर किस डाल बैठेगी
कौन जानता है
ऊँची घास के नम घेरों में
चें-चें करतीं, जाने क्या सहेजतीं
खोजतीं-बीनतीं
पनमुर्गियों का विहार
अंतिम बार!
कसैले नीम के नन्हे फूलों पर
मँडराती मधुमक्खियों और
अमलतास के स्वर्ण-पुष्पों का
पराग लूटते मदमस्त भौरों का गुँजन
बस अंतिम बार!
गोधूलि में
बूढ़े पीपल पर
कौओं की यह अंतिम पंचायत!

चैत-बैसाख की धूप-हवा में पकीं
कँटीली फुनगियों से लटकती
गुलाबी, लच्छेदार जलेबियों की
खग-वृन्द की यह अंतिम दावत!
आम के पत्तों-पल्लवों से
ढँके-छिपे प्रणयातुर पंडुक
निकलने वाले हैं
अंतहीन प्रवास पर
जाने किस दिशा में
अगली बार
अचरज और शोक से देखेंगे
आसमान में चक्कर काटते
नई-नई व्यूह रचनाओं का संधान करते
सुंदर-सजीले बगुले –
यह वही जगह तो नहीं
जहाँ पाँख खुजाते, सुखाते
सुस्ताते और ध्यान लगाते
बिताया था चातुर्मास
बाल-बच्चों को संग ले
इस ढूह से उस ढूह घूमते
रुक-रुक कर मुँह उठाते
अपनी ही दुनिया को पुनः-पुनः
देखते-आँकते
नेवलों की यह अंतिम तफ़रीह
कहीं कुछ ऊबड़-खाबड़ नहीं
सब समतल हो जाने वाला है
अबकी बारिश में जगह-जगह

नहीं जमा होंगे पानी के चहबच्चे
जिनमें अपनी छवि देखने को
बार-बार उद्धत हो
झुण्डों में घूमती
अपनी लंबी पूँछ के भार से दबी जाती
पुँछल्ली ड्रैगनफ्लाई
अगली बरसात में
धरती की कोख में ही दुबके रहेंगे
शरीफ-शीलवान ढाबुस-दादुर
उनका यह अंतिम मेघ -मल्हार
अपने में खोई कोलतार की
सूनी सड़कों का एकाकीपन
चौड़े में जमे गो कि झड़े, उधड़े
बाबुओं के क्वार्टरों का
डूबती नब्जों के बीच आत्मालाप
जिनकी स्मृतियों में अभी जीवित हैं
अंग्रेज बहादुर और लोहा सिंह
– यह छोटी होती दुनिया में
ऊँचे पेड़ों की गरिमा
– यह सिकुड़ते स्पेस में
खुले में रहने की जीवटता –
सब अंत को संक्रमित
राजकुमार की
चाय की दुकान पर
चाय की यह रसीली अंतिम घूँट
आँखों में पानी ला देती
कड़ाही में तली जाती कचरी की

यह अंतिम झाँस
जिन्होंने अपनी बुभुक्षा
और लिप्सा में इस वसुंधरा को
माता से भोग्या बना दिया
सब कुछ रौंदता
अपने घर्घर नाद में
आर्त पुकारों को सोखता जाता
'नई', दौलतमंद दुनिया की
ज़मीन तैयार करता उनका विकास-रथ
अब गर्दनीबाग के सीवान तक आ पहुँचा है
अपनी मिट्टी
हवा, धूप और आकाश
अपने खग-विहग, जीव-जंतु
अपनी हरीतिमा और विश्रान्ति
अपनी खुशबू और फैल
सुंदरता, कोमलता और नैसर्गिक मोहकता
अपनी संपन्नता और पूरेपन के साथ
उत्सर्ग को तैयार है
गर्दनीबाग –
जीवन की बहुतेरी छवियों,
कोमल आहटों और गुंजारों से स्पंदित
एक मोहल्ला जो बदकिस्मती से
'बेशकीमती ज़मीन' पर आबाद है
जिनके देह लगी हो इसकी माटी
जिनके नासापुटों में बसी हो हरी घास की महक
जिनका रहा हो यह क्रीड़ांगन
यहाँ से गुजरते

ठंडी छुअन से भरा हो
जिनका जला हुआ मन
जो भुतहा बहेड़ा के नीचे से
कभी डर कर गुजरे हों
झड़बेरी और करौंदे की काँटेदार टहनियों से
जिनकी आस्तीनें छिली हों
जिनके सपनों में आया हो
बहुरुपिया – कच्चे खाँव
जो भागे हों फेरी वाले की
उस आवाज के पीछे –
एक पैसे में दो बटन, सिन्दू ऽ ऽ र ऽ ऽ ...
जो कभी भय तो कभी जुगुप्सा से
साधुओं-सँपेरों-फकीरों का चुपके-चुपके
पीछा करते रहे हों
जो टमटम की सवारी का मजा लूटते
घोड़े की पीठ पर पड़ते चाबुक से
कभी ख़ुद भी दहले हों
गहन रात्रि में
टीसन से खाली लौटते
ताड़ी के नशे में
सातवें सुर में अलाप लगाते
टमटम वाले की तान और उस पर
ताल बैठाते घोड़े की लयबद्ध टापों से
जिनकी नींद उचटी हो
चितकोहरा पड़ाव पर
खाली-खाली-सी दोपहरियों में
अपने खोखे में

बीड़ियाँ बनाते, बाँधते, सेंकते
किसी वीतरागी से नसीब मियाँ को
शाम की कव्वाली में सुर उठाते देख
जो विस्मित रह गये हों
जिन्होंने यहीं देखी थी कोई छब
और हमेशा के लिए ख़ुद को
रख-छोड़ आए थे यहीं
सुनते रहे थे जो रात की निविड़ता में
छायागीत और बिनाका गीतमाला
जो रोए थे चुपके-चुपके
जिनकी रह गयी बहुत कुछ अनकही
जिन्होंने यहीं की सड़कों पर
मुट्ठी तानना सीखा था
जिन्होंने यहीं,
ठीक यहीं से देखनी शुरू की थी दुनिया
जिनके केश सन के खेत हुए
यहीं की धूप में
जो यहीं से खो जाना चाहते हैं
बहुत नीले आसमान की निस्सीमता में
जिनके लिए शुरू होती है
अनंत की यात्रा यहीं से
उन्हें, उन सबको
गर्दनीबाग का
अंतिम प्रणाम्!

'गंगा घाट दूर है, जाना ज़रूर है'

सरस्वती पूजा के बाद मूर्ति विसर्जन के लिए जाते हुए नौजवानों के मुँह से यह

नारा सुनने को मिलता था-गंगा घाट दूर है जाना ज़रूर है। अब इसके बारे में सोचकर हँसी आती है। पटना के किसी भी मोहल्ले से गंगा घाट दूर ही कितना था-पाँच से सात किलोमीटर। लेकिन तब यह एक बड़ी दूरी थी।

पटना तीन तरफ़ से नदियों से घिरा हुआ है – गंगा, सोन और पुनपुन। इसलिए इसे जलदुर्ग भी कहा गया। शहर के लोगों के जीवन में इन नदियों की ख़ास जगह रही है ख़ासकर गंगा से गहरा रिश्ता रहा है। अब भी जबकि गंगा की धारा शहर से खिसककर दूर चली गयी है, यह रिश्ता शायद ही कमज़ोर पड़ा है।

पटना में गंगा पर कई घाट बने हुए हैं। उनमें से कुछ बेहद पुराने हैं और उनसे कई रोचक ऐतिहासिक प्रसंग जुड़े हैं। आइए कुछ घाटों पर नज़र डालें-

कृष्णा घाटः यह पटना का सबसे लंबा घाट है। इसकी लंबाई 119.5 मीटर है। मुग़ल काल में यह अफ़ज़लपुर मोहल्ले का हिस्सा था। इसी घाट के किनारे प्रसिद्ध शिक्षाविद् सर गणेशदत्त का आवास था, जिसे उन्होंने पटना विश्वविद्यालय को दान कर दिया।

रानी घाटः यहाँ बहुत पहले बने पाँच मंदिर आज भी हैं, जिनमें तीन शिवालय हैं, एक चित्रगुप्त मंदिर है और एक महावीर मंदिर। कहा जाता है कि रानी अहिल्या बाई ने इस घाट की मरम्मत करवाकर इसे एक नया रूप दिया था। संभवतः इसके बाद से ही यह 'रानी घाट' के नाम से पुकारा जाने लगा। बताया जाता है कि पति की मृत्यु के बाद उत्तर भारत में कई स्थानों पर घाट और मंदिरों का निर्माण और जीर्णोद्धार अहिल्याबाई ने कराया था। यह कहानी भी ख़ूब प्रचलित रही है कि रानी सुरंग के रास्ते घाट पर नहाने आती थीं मगर आज तक किसी को सुरंग दिखी नहीं।

गुलबी घाटः यह श्मशान घाट है। कहा जाता है कि इसका नाम गॉल्वी से गुलबी पड़ा। अंग्रेजों के ब्योरे में वर्तमान गुलबी घाट के बगल में मिस्टर गॉल्वी का मकान स्थित है। उस दौर में वैशाली, सारण और दानापुर की ओर से आने वाले लोग उसी घाट से पुराने पटना में प्रवेश करते थे। कहा जाता है कि सख़्त अंग्रेज प्रशासक गॉल्वी आने-जाने वालों पर यहीं से नज़र रखते थे। उन्हीं के नाम पर गुलबी घाट का नामकरण किया गया।

महेंद्रू घाटः इसका नामकरण सम्राट अशोक के पुत्र पर किया गया है, हालाँकि इसका कोई प्रामाणिक संदर्भ नहीं है। यह घाट कब बना इसका भी कोई उल्लेख कहीं उपलब्ध नहीं है। इस घाट से अंग्रेजी शासन के पहले डच लोगों द्वारा व्यापार करने के प्रमाण हैं।

काली घाटः यह घाट दरभंगा हाउस के पास स्थित है जो दरभंगा महाराज द्वारा बनवाया गया। काली घाट का निर्माण कार्य 1880 के आसपास पूरा किया गया था। कहा जाता है कि महाराज और रानी के गंगा में स्नान के लिए दरभंगा हाउस में अलग से रास्ते बनाये गये थे। यहाँ काली मंदिर होने के कारण इसका नाम काली घाट नाम पड़ा।

गांधी घाटः यह एनआईटी के पास है। यहाँ राष्ट्रपिता महात्मा गांधी की समाधि बनी हुई है। समाधि बनने के बाद इसे गांधी घाट का नाम दिया गया। अब इसे एनआईटी घाट के नाम से भी जाना जाता है। यहाँ की गंगा महाआरती काफी प्रसिद्ध है। बनारस की तर्ज पर पांच पंडित 51 दीपों से माँ गंगा की स्तुति करते हैं।

बाँस घाटः यह भी श्मशान घाट है। यहाँ देश के प्रथम राष्ट्रपति देशरत्न राजेंद्र प्रसाद की समाधि है। इस घाट से गंगा की धारा काफी दूर जा चुकी है। बारिश के मौसम में ही तट पर गंगा की लहरें दिखायी देती हैं।

सन् 1975, मोहल्ले में हेलीकॉप्टर

पटनावासियों के जीवन में गंगा को लेकर सुखद प्रसंग ही नहीं रहे हैं। नदियों ने कई बार अपना विकराल रूप दिखाया। गंगा और पुनपुन की बाढ़ यहाँ अकसर तबाही लाती रही हैं। और यह कोई आज की बात नहीं है। यह संकट प्राचीन काल से ही रहा है, जिसका इशारा बुद्ध तक ने किया था। उन्होंने कहा था कि पाटलिपुत्र को आग, पानी और अंतर्कलह से ख़तरा बना रहेगा। पानी से तो आज भी ख़तरा बना हुआ है।

पटना में 1975 में ज़बरदस्त बाढ़ आयी थी, जिसकी कुछ स्मृतियाँ मेरे भीतर से अब भी मिटी नहीं हैं। बाढ़ की चर्चा होते ही वो वाली बाढ़ याद आ जाती है। उस उम्र में बाढ़ भय का कारण नहीं थी, बल्कि एक रूमानी चीज़ थी। तब हमलोग गर्दनीबाग़ में रहते थे। लगभग पूरा मोहल्ला डूब गया था मगर हमलोग जिस हिस्से में थे, वह

थोड़ा ऊँचा था, इसलिए वहाँ तक पानी नहीं पहुँच पाया था। और यही मेरे अफ़सोस का कारण भी था। दरअसल मुझे यह बात रोमांचित कर रही थी कि हमारा घर पानी में डूब जायेगा और हम सबको छत पर रहना पड़ेगा। बाढ़ को लेकर आशंकाएँ एक-दो दिन पहले से मँडरा रही थीं और हमारे मोहल्ले के लोगों ने हालात से निपटने की तैयारी शुरू कर दी थी। योजनाएँ बनने लगी थीं। एक ऐसी ही योजना मेरे कान में पड़ी। मेरे मोहल्ले के एक मामा जी कह रहे थे कि बच्चों को बाल्टी में बिठाकर छत पर चढ़ाया जायेगा। इससे बच्चे बड़े प्रसन्न हुए।

असल में हम जिस मकान में किराये पर रहते थे, उसमें सीढ़ी नहीं थी। इसलिए बच्चों को ऊपर चढ़ाने का यही एक रास्ता हो सकता था। लेकिन बड़े लोग क्या करने वाले थे, इसका हमें पता नहीं था। हम बेसब्री से उस घड़ी की प्रतीक्षा करने लगे जब हमें ऊपर चढ़ाया जाता लेकिन वह घड़ी आयी नहीं क्योंकि पानी आया ही नहीं। वह तो हमारे घर से थोड़ी दूर पर ही रुक गया। जब सुबह उठा तो सब बाढ़ की चर्चा कर रहे थे। फिर मोहल्ले के कई लोग बाढ़ देखने जा रहे थे। मैं ज़िद करके पिताजी के साथ हो लिया। थोड़ी दूर निकलने के बाद मैंने सड़क पर पानी की तेज धारा देखी तो सहम गया। लगा जैसे सामने नदी बह रही है।

बाढ़ को लेकर तरह-तरह की कहानियाँ कही जा रही थीं। मेरे एक पड़ोसी ने बताया कि उनके एक सहकर्मी बाढ़ का हल्ला सुनकर दफ़्तर से जल्दी निकले। उन्होंने बाढ़ के पानी को अपने पीछे आते देखा। वह तेज़ी से चलने लगे। फिर ऐसा हो गया कि कभी पानी उनसे आगे निकल जाता तो कभी वे पानी को पीछे छोड़ देते। उनके घर पहुँचते-पहुँचते उनका घर तक़रीबन डूब गया था। उन्होंने किसी तरह ऊपरी मंजिल वाले पड़ोसी के घर शरण ली।

यह सोचकर मुझे थोड़ा अजीब सा लगता कि बहुत से लोगों को अपना घर छोड़कर दूसरे के घर में रहना पड़ रहा है या फिर अपने घर की छत पर रहना पड़ रहा है। यह सोचकर बाढ़ को लेकर सारी रूमानियत ख़त्म होने लगी। पता चला कि कई लोगों को खाना तक नहीं मिल रहा है। वे हेलीकॉप्टर द्वारा गिराये गये खाने के पैकेट पर निर्भर हैं। हालाँकि उस पैकेट को लेकर भी मेरे भीतर ज़बरदस्त उत्सुकता थी। मुझे पहली बार पता चला कि खाना पैकेट में भी हो सकता है। तभी एक दिन मोहल्ले

का एक उत्साही नौजवान कहीं से एक पैकेट उठा लाया। उसे बच्चे ही नहीं बड़े भी इस तरह देखने गये जैसे वह कोई अजूबा हो। मैं देखना चाहता था कि पैकेट में किस तरह का खाना दिया जाता है। मुझे आज भी याद है, उसमें चार पूरियाँ, सब्ज़ी और एक लड्डू था।

उसे देखने के बाद मैं और हमारे दोस्त आसमान में टकटकी लगाये रहते कि कोई हेलीकॉप्टर इधर से गुजरे और गलती से एकाध पैकेट गिरा दे। और एक दिन लगा कि हमारी यह ख़्वाहिश पूरी होने वाली है। एक हेलीकॉप्टर न जाने कहाँ से आया और हमारे घर के सामने के मैदान के ऊपर मँडराने लगा। शोर मच गया। हमारे आसपास के लोग मैदान में जुट गये। सब को यही लगा कि हेलीकॉप्टर अगले ही पल मैदान में उतरने वाला है। तरह-तरह की चर्चा शुरू हो गयी। कुछ लोगों का कहना था कि सरकार ने हमलोगों के लिए राशन भिजवाया है। लेकिन कुछ लोगों की राय थी कि ज़रूर इसका 'पेट्रोल' ख़त्म हो गया है। एक सज्जन ने तो यहाँ तक कहा कि शायद ड्राइवर को शौच करना है। लेकिन हेलीकॉप्टर उतरने का नाम नहीं ले रहा था।

वह काफ़ी नीचे आकर चक्कर काट रहा था। एक बार कुछ समय के लिए वह रुक भी गया और लगा कि कुछ लोग उससे झाँक रहे हैं। तभी एक उत्साही नौजवान ने कहा कि हमें उसे उतारना होगा। सब चौंके – आख़िर कैसे? उसने कहा हमें यह संकेत भेजना होगा कि हम संकट में हैं, तभी वह उतरेगा। उसने कहा जल्दी से एक लाठी लाओ। लाठी लायी गयी। फिर उसने कहा – लाल कपड़ा चाहिए। सब इधर-उधर देखने लगे। अब लाल कपड़ा कहाँ से आये। तभी एक सज्जन ने अपनी लुंगी खोलकर दे दी, जो लाल तो नहीं लेकिन लाल के करीब थी। बस झंडा तैयार हो गया। वह नौजवान लाठी में लुंगी बाँधकर लहराने लगा। लेकिन इसका उल्टा ही असर हुआ। हेलीकॉप्टर अचानक ऊपर उठा और धीरे-धीरे दूर चला गया। मोहल्ले के लोग मुँह लटका कर लौट आये।

बाढ़ का पानी उतरने के बाद बाढ़ को लेकर भयानक कहानियाँ आती रहीं। कुछेक रोचक भी थीं। जैसे हमारे एक रिश्तेदार ने बताया कि एक दिन जब वे लोग छत पर बैठे थे, तभी नीचे उनके मकान से कुछ आवाज़ें आयीं। उन्हें समझते देर न लगी कि घर में कोई चोरी के इरादे से घुसा है। वे थोड़ा डरे। उन्हें लगा चोर के पास

कोई हथियार न हो। फिर उन्होंने इधर-उधर देखा। उन्हें अपना छाता पड़ा मिला। वे छाते को बंदूक की तरह ताने हुए नीचे आये और चिल्लाकर कहा – हैंड्स अप। चोर उनसे भी ज़्यादा लाचार था। उसने जो भी सामान उठाया था, उसे पटककर तेज़ी से भागा। इस तरह के अजीबोगरीब अनुभव कई लोगों के हैं। सन् 1975 की बाढ़ के समय प्रसिद्ध कथाकार फणीश्वरनाथ रेणु पटना में ही थे। बाढ़ में वह भी फँस गये थे। अपनी कृति 'ऋणजल धनजल' में उन्होंने इस पर मार्मिक रिपोर्ताज लिखा है।

बाढ़ का पानी उतरने के बाद पूरे शहर में हैजा फैल गया। सरकार की ओर से इसके टीकाकरण की व्यवस्था की गयी। घर-घर घूमकर टीका लगाया जाता था। यह बहुत ही पीड़ादायक था। हाथ में बीचों-बीच कई बार एक छोटी सी सुई घोंपी जाती थी। उसके बाद हाथ में कई दिनों तक सूजन रहती और बुख़ार आ जाता। मैं लोगों के इस कष्ट को देख चुका था और डरा रहता कि यह टीका कहीं मुझे भी न लगा दिया जाये।

एक दिन मेरे घर भी टीका वाला पहुँच गया। सबको बारी-बारी से टीके लगने लगे। मैं घबरा गया। मैंने एक उपाय सोचा और जल्दी से पलंग के नीचे छुप गया। जब मेरी बारी आयी तो मुझे ढूंढा जाने लगा। कोई सोच भी नहीं सकता था कि मैं घर में ही छुपा हुआ हूँ। लोगों को लगा कि मैं पड़ोस के किसी घर में हूँ। वहाँ मुझे खोजा गया। टीका कर्मचारी आख़िर कब तक बैठता, वह चला गया। मुझे लगा बला टल गयी। पर यह मेरा भ्रम था। मेरी चालाकी एक बार काम कर गयी लेकिन अगली बार मेरे घर के लोगों ने चालाकी की।

एक दिन मेरे स्कूल में एक पीरियड के बीच में ही मुझे बाहर बुलाया गया। मैं स्कूल के रिसेप्शन पर आया तो मेंने अपनी दीदी को देखा। वह मुझे ले जाने आयी थी। मैंने पूछा तो उसने कहा – बाबा आये हैं। बाबा का आना मेरे लिए उत्सव की तरह था। मेरे दादा जब भी गाँव से आते तो मेरे लिए ढेर सारे खिलौने और मिठाइयाँ लाते। मैं खुशी से उछलता घर आया। लेकिन बाबा कहीं नज़र नहीं आये, अलबत्ता एक अपरिचित आदमी बरामदे पर बैठा ज़रूर दिखा। माँ मुझे देखकर मुस्कुरायी फिर उसने मुझसे कहा – ये अंकल तुमको बुला रहे हैं। अंकल ने मेरा नाम पूछा और पास बुलाया। उन्होंने पास रखा एक डिब्बा उठाया। मैं जब तक कुछ समझता उस अंकल ने

डिब्बे से सूई निकाल ली और मेरा हाथ पकड़ लिया। उनकी सूई हाथ पर चलने लगी। उनके हाथ हटाते ही मैं अंदर भागा और जोर-जोर से रोने लगा। मुझे इस बात का गुस्सा था कि मेरे साथ धोखा हुआ। मैंने दो दिनों तक अपनी बहन से बात नहीं की। मैं कई दिनों तक बीमार रहा और स्कूल नहीं गया।

'सुन ल पुकार हे छठी मइया'

वैसे जब तक मैं पटना में रहा, गंगा पटना के बेहद करीब रही। शहर का गंगा से संबंध सबसे ज़्यादा छठ जैसे पर्व में अभिव्यक्त होता रहा है। सच कहा जाये तो छठ के अवसर पर पटना की आत्मा झलक उठती है। कम से कम मेरे समय तो ऐसा ही था। एक आदर्श सामूहिक जीवन क्या होता है, छठ में ही समझ आता था।

मोहल्ले में भले ही छठ का पर्व किसी एक या दो घर में हो रहा हो, पर पूरा मोहल्ला उसमें अपने-आप ही शरीक रहता था। उन दिनों पटना में खुला आटा खाने का चलन ज़्यादा था। पैकेट वाला आटा नहीं आया था। लोग गेहूँ ख़रीदते, महिलाएँ उसे धोतीं-सुखातीं फिर उसे चक्की पर ले जाकर पिसवाया जाता। मेरे लिए यही ड्यूटी तय की गयी थी। मुझे रो-गाकर यह काम करना ही था। साइकिल पर गेहूँ लटकाया फिर उसे ले जाकर चक्की पर पहुँचाया। चक्की वाला झोला रख लेता और कुछ देर बाद आने को कहता। मैं घूम-टहलकर लौटता तो आटा तैयार मिलता।

बहरहाल छठ की शुरुआत प्रसाद बनाने के लिए गेहूँ तैयार करने से होती थी। कई घरों में औरतें ख़ुद ही चक्की पर गेहूँ पीसती थीं। चक्की पीसने का अभियान शुरू होते ही आसपास के उन घरों से भी महिलाएँ पहुँच जातीं, जिनमें छठ नहीं होता था। वे सब मिलकर गीत गाते हुए चक्की पीसतीं। चक्की वाले कुछ समय सिर्फ़ छठ का गेहूँ पीसते थे और वह भी नि:शुल्क। लोग सड़कों पर झाड़ू लगाते, पानी डालते। मेरी माँ छठ नहीं करती थी, पर हम लोग पर्व का भरपूर आनंद लेते थे। सबसे मज़ा आता था – लोहंडा के दिन। उस दिन छठ मना रहे परिवार सबको प्रसाद खाने के लिए आमंत्रित करते थे। आमंत्रित नहीं करते, तो भी प्रसाद खाने जाना ज़रूरी समझा जाता था। शाम होते ही झुंड के झुंड लोग प्रसाद खाने जा रहे होते। प्रसाद में रोटी और खीर मिलती। थोड़ा-थोड़ा सबके यहाँ खाते हुए पेट भर जाता।

उन दिनों मोहल्ले का कोई एक आदमी ट्रक या बस की व्यवस्था करता और सारे लोग उसी से घाट पर पहुँचते। सब लोग एक-दूसरे का ध्यान रखते कि कहीं कोई छूट न जाये। उन दिनों मोहल्ले के दादा टाइप लड़के (पटना की भाषा में कहें तो रंगबाज) भी छठ के आयोजन में सक्रिय रहते। ऐसा लगता जैसे उनका हृदय परिवर्तन हो गया हो। उन दिनों सुबह के अर्घ्य के दिन लोग नावों पर सवार होकर छठ की छटा देखने आते थे। घाट के सामने से एक के बाद एक नावें गुजरतीं और उन पर बैठे लोग घाट पर अर्घ्य दे चुके लोगों से प्रसाद की माँग करते। लोग नाव की तरफ़ ठेकुआ या कोई फल उछालते और नाव पर सवार लोग उसे कैच करते। नाव पर बैनर-पोस्टर लगाकर प्रचार भी किया जाता। बाद में सुना कि इस तरह नाव ले जाने पर प्रतिबंध लग गया।

बचपन का मेरा एक सपना था कि छठ के मोके पर मैं उद्घोषणा करूँ। दरअसल भीड़ को नियंत्रित करने या श्रद्धालुओं की मदद के लिए आसपास के लोग कैंप लगाते और माइक आदि की व्यवस्था करते थे जिसके ज़रिए ज़रूरी सूचनाएँ दी जाती थीं। अगर कोई बच्चा खो जाता था, तो उसकी सूचना देकर उसे माँ-पिता से मिलाया जाता था। मैं इसी तरह की घोषणा करना चाहता था। मेरा यह सपना कॉलेज में जाकर पूरा हुआ, जब गंगा किनारे के प्रोफेसर्स फ्लैट में रहने वाले मेरे कुछ मित्रों ने छठ पर कैंप लगाया और मुझे माइक थमा दी। मैंने अपनी सारी हसरत पूरी कर ली। हमने आम की लकड़ी और जलावन भी बाँटे। सुबह वाले अर्घ्य के दिन सूर्योदय का समय भी बताया। लोगों को कतार में चलने की नसीहत भी दी। एक बच्चे को उसके परिवार से मिलवाया और अर्घ्य संपन्न होने पर प्रसाद भी माँगा। हमलोगों के पास ढेरों प्रसाद इकट्ठा हो गया, जिसे हम मित्रों ने मिल बाँटकर खाया।

पटना यूनिवर्सिटी में पढ़ने का एक सुख यह भी था कि रोज गंगा को निहारने, उसके तट पर बैठने का अवसर मिलता था। पटना कॉलेज में एक क्लास ख़त्म होते ही मैं सीधे गंगा किनारे पहुँच जाता। वहाँ बैठकर पानी को देखते हुए मैं खो जाता था। कई बार लगता था मैं लहरों के साथ यात्रा पर निकल रहा हूँ। नावें आती-जाती रहती थीं। पाल वाली नावें ख़ास तौर से आकर्षित करती थीं। वे काव्यात्मक लगती थीं। तट पर जब भी जाता कुछ लोगों को ख़ासकर बच्चों को हमेशा नहाते, तैरते मस्ती करते देखता।

पटना का आँगनः गांधी मैदान

गांधी मैदान को शहर का हृदय कहा जाता है, जो सही भी है लेकिन मैं गांधी मैदान को एक अलग रूप में भी देखता हूँ। मुझे यह पूरे शहर का आँगन लगता है। एक घर को देखना हो तो उसका आँगन देखना चाहिए। हालाँकि अब तो घरों में आँगन नहीं होते, लेकिन मैं जिस दौर की बात कर रहा हूँ, उस समय घरों में आँगन हुआ करते थे। आँगन मतलब बेतकल्लुफ़ी, अनौपचारिकता, आवरणमुक्त यानी कोई पर्दा नहीं। जो सचाई है, वह सीधे-सीधे दिखती है। सब कुछ उघड़ा हुआ।

गांधी मैदान भी मेरे समय यही रहा। वह हर किसी का आश्रय स्थल रहा, चाहे वह शहर का हो या बाहर से आया हो। इसने हर किसी को आश्रय दिया। किसी को आराम करना हो, किसी को गप मारना हो, किसी को अपनी कला दिखानी हो, किसी को बहस करनी हो, किसी को अकेले में रोना हो, किसी को अपना सामान बेचना हो, किसी को प्रेम करना हो – यह मैदान सबका स्वागत करता है।

गांधी मैदान पटना रेलवे स्टेशन से बहुत दूर नहीं है। कई लोग आसपास के शहर से छोटे-मोटे काम के लिए आते तो काम निपटा कर गांधी मैदान में आराम करते और देर शाम ट्रेन से निकल लेते। कोई थका-माँदा राहगीर उधर से गुजरता तो किसी बेंच पर जा बैठता या घास पर बैठ जाता। हरी घास पर मूँगफलियाँ खाइये और तरह-तरह के दृश्यों का आनंद लीजिये।

जाड़े की दोपहर का तो कहना ही क्या! आसपास के कई लोग तो दिन का खाना खाने के बाद यही अड्डा जमा लेते थे। गपशप और चाय चलती थी। कई महिलाएँ स्वेटर बुनती रहती थीं। मैंने कई बार गांधी मैदान में बैठकर सूरज को ढलते देखा है। यह अद्भुत दृश्य होता है।

गांधी मैदान की सबसे बड़ी विशेषता है इसमें लगने वाले मजमे। यह मजमेबाजों का अड्डा है। कई लोग गांधी मैदान में मजमा लगाकर अपना कोई सामान बेचते हैं और अपनी रोजी-रोटी चलाते हैं। ऐसे कुछ चरित्र अब भी याद हैं। इनमें सबसे ज़बरदस्त था वह व्यक्ति, जो कामोत्तेजक दवाएँ बेचता था। ऐसा किस्सागो तो आज तक मैंने देखा ही नहीं। अगर उस शख़्स को लिखने की कला आती तो निश्चय ही वह एक बड़ा कथाकार होता। वह अपनी बातों से बड़ी भीड़ इकट्ठा कर लेता था। वह

अपनी बात कहाँ से शुरू करेगा और उसकी बात कहाँ से कहाँ चली जायेगी, अनुमान लगाना मुश्किल था। उसकी बात सुनने वाले को कहीं से भी यह अहसास नहीं होता था कि यह आदमी अंत में कोई दवा बेचेगा। वह अपनी मूल बात पर बहुत अंत में तब आता था जब उसे लगता था कि लोग उसकी गिरफ़्त में आ चुके हैं। उसकी दवा लेने वाले और न लेने वाले भी यही मानते थे कि वह लोगों को बेवकूफ़ बनाता है। वह ऐसी बीमारी की दवा बेचता है, जो दरअसल बीमारी है ही नहीं। वह लोगों के मनोविज्ञान का फ़ायदा उठाता है।

उसकी बातें इतनी मनोरंजक होती थीं कि कई बार गांधी मैदान हम सिर्फ़ उसे ही सुनने जाते थे। उसकी बातों का प्रस्थान बिंदु कुछ भी हो सकता था। जैसे एक बार उसने एक लड़के के हाथ में बैडमिंटन की रैकेट देखी तो कहा – बताइये, अंग्रेज लोग कैसे-कैसे नाम रखते हैं। इतने अच्छे खेल का नाम बैडमिंटन रख दिया। गुडमिंटन क्यों नहीं रखा।

एक सज्जन दंतमंजन बेचते थे। वे यह दावा करते थे कि उनके मंजन में इलायची का तेल है। वे कहते कि किसी के बाप में यह दम नहीं कि वह इस महँगाई में इलायची का तेल ख़रीदकर मंजन बनाये। कंघी से लेकर बनियान और कलम बेचने वाले भी छोटा-बड़ा मजमा लगाये रहते।

कई बेघरों का घर भी रहा है गांधी मैदान। कई लोग, जो पटना में छोटे-मोटे काम करते थे, वे मैदान को ही अपना आसरा बनाते थे। जिसको कहीं जगह नहीं मिलती, उसको गांधी मैदान में जगह मिलती।

बुद्धिजीवियों की भी यह प्रिय जगह है। कला और साहित्य को जन-जन तक पहुँचाने का एक ज़रिया है गांधी मैदान। पटना के रंगकर्मियों के एक दल ने इसके एक हिस्से को भिखारी ठाकुर रंगभूमि का नाम दिया तो दूसरे दल ने एक अलग भाग को सफदर हाशमी रंगभूमि कहा। एक हिस्से को बाद में रेणु रंगभूमि भी कहा गया। यहाँ नुक्कड़ नाटक, गीत-संगीत, काव्यपाठ और अन्य सांस्कृतिक आयोजन होते थे। देश के कई बड़े रंगकर्मी और साहित्यकार इन रंगभूमियों पर आ चुके हैं। कई आयोजनों में तो हजारों की भीड़ हो जाया करती थी।

मैंने भी जब एक नाट्य दल का गठन किया था तो गांधी मैदान में नुक्कड़ नाटक

किया करता था। यहाँ हर समय दर्शक मिलते थे। नाटक करने के बाद हमारे कलाकार एक बड़ी सी चादर लेकर लोगों के बीच घूमते। लोग उसमें पैसे डालते। एक बार एक नाटक ज्यों ही हमने ख़त्म किया, एक सज्जन हमारे पास आये। उन्होंने कहा कि वह हम सारे कलाकारों को चाय-नाश्ता कराना चाहते हैं। हम उनके साथ चल पड़े। रास्ते में उन्होंने हमें बताया कि हम कलाकारों को देखकर उन्हें अपने दिन याद आ गये। वे भी नुक्कड़ नाटक किया करते थे, संपूर्ण क्रांति के दिनों में। जेपी के आंदोलन से उनका गहरा जुड़ाव था। वह अपनी पढ़ाई छोड़ कर इसमें आये थे।

उनसे बातें करते हुए मुझे याद आया कि इस गांधी मैदान को मैंने पहली बार जेपी के कारण ही देखा था। उन्हीं का भाषण सुनने मैं पिताजी की उँगली पकड़ कर आया था। वह 1977 का वर्ष था। इमर्जेंसी ख़त्म हो चुकी थी, तमाम आंदोलनकारी नेता जेल से छोड़ दिये गये थे। चुनाव की तैयारी शुरू हो चुकी थी। जेपी गांधी मैदान में जेल से छूटने के बाद पहली बार जनता को संबोधित करने आ रहे थे। पटना के लोगों को अख़बारों से यह जानकारी मिली तो वे स्वत: अपने-अपने घरों से निकले और गांधी मैदान की तरफ़ निकल पड़े। सड़कों पर इतनी भीड़ हो गयी कि अन्य किसी वाहन का चलना मुश्किल हो गया। लोग पैदल ही चल रहे थे।

मैं उस वक़्त छोटा था, लेकिन पिताजी मुझे अपने साथ विभिन्न आयोजनों में ले जाते, हर तरह की गतिविधियाँ दिखाया करते। तो उस दिन हमलोग कुछ दूर रिक्शे पर चले लेकिन फिर रिक्शे का आगे बढ़ना मुश्किल हो गया तो पैदल ही चल पड़े। इतनी भीड़ देखकर मैं थोड़ा सहमा हुआ था लेकिन रोमांचित भी। बहुत कुछ समझ में नहीं आ रहा था, लेकिन यह ज़रूर कि जेपी कोई बहुत बड़े आदमी हैं, जिन्होंने देश के लिए, आम जनता के लिए बहुत बड़ा काम किया है। भीड़ में तरह-तरह के नारे लग रहे थे। युवकों का दल ताली पीट-पीटकर झूमता हुआ चिल्लाता-जेपी-जेपी। हम गांधी मैदान के भीतर बड़ी मुश्किल से पहुँच पाये। पिताजी ने मेरा हाथ कसकर पकड़ रखा था। चारों तरफ़ लोग ही लोग थे। मैदान के बाहर की सड़कें भी भरी हुई थी। हम जहाँ खड़े थे, वहाँ से मंच बहुत दूर था। मुझे मंच ठीक से दिखायी नहीं दे रहा था। थोड़ी ही देर बाद मंच से किसी ने गाना शुरू किया-हाय हाय इंदिरा गांधी ...। यह दरअसल उस समय की हिट फिल्म 'रोटी कपड़ा और मकान' के प्रसिद्ध गीत 'हाय

हाय ये मजबूरी ये मौसम और ये दूरी' की पैरोडी थी। लोग कह रहे थे कि गाने वाले सज्जन नेत्रहीन हैं। यह पैरोडी उन्हीं की बनायी हुई है। कुछ देर बाद मंच से एक तेज़ आवाज आयी – जेपी आ रहे हैं। फिर पूरा मैदान नारों से गूँज उठा। फिर जेपी का भाषण शुरू होते ही ग़जब की शांति छा गयी। जेपी का भाषण लंबा चला। मुझे उनकी बहुत सी बातें समझ में नहीं आयीं।

याद नहीं पड़ता कि फिर कभी मैंने इतनी भीड़ यहाँ देखी हो। हो सकता है, फिर इतने ही या इससे भी ज़्यादा लोग जमा हुए हों। यहाँ के हर आयोजन तो मैंने देखे नहीं। वैसे ग़ैर राजनीतिक आयोजनों में रावण वध में यहाँ खचाखच भीड़ होती है। उन दिनों भी आसपास के इलाकों में वाहनों का चलना मुश्किल हो जाता है और लोग पैदल ही यहाँ पहुँचते हैं।

जहाँ तक राजनीतिक आयोजनों की बात है तो हर दल यहाँ अपनी-अपनी रैलियाँ करते हैं और लोगों की उपस्थिति को लेकर बढ़-चढ़कर दावे करते हैं।

बिहार में दशहरा पूजन का स्वरूप बंगाल से मिलता-जुलता है। यहाँ देवी की पूजा-अर्चना विशेष महत्त्वपूर्ण है। यहाँ रामलीला का चलन कम है। यहाँ नवरात्र के बजाय साल भर रामलीला का आयोजन होता रहता है, लेकिन विजयादशमी के दिन रावण के पुतले का दहन होता है। पटना के गांधी मैदान में रावण, कुंभकर्ण और मेघनाद के विशाल पुतलों को जलाया जाता है। इसे देखने के लिए शहर भर के लोग पहुँचते हैं। हालाँकि एकाध साल सरकार के संगीत-नाटक प्रभाग ने रामलीला का भी आयोजन किया था। खिलाड़ियों के लिए भी यह कम महत्त्वपूर्ण नहीं है। यहाँ पीडीसीए (पटना डिस्ट्रिक्ट क्रिकेट असोसिएशन) के लीग मैच आयोजित होते रहे हैं। चर्चित क्रिकेट खिलाड़ी सबा करीम इस मैदान पर खेलते रहे हैं।

गांधी मैदान पर कई मेले भी लगते हैं। पिछले दो दशकों से यहाँ लगने वाले पटना पुस्तक मेले के कारण पूरे देश ने पटना और उसके आसपास के शहरों के पुस्तक प्रेम और साहित्यानुराग को नये सिरे से पहचाना है। इसकी चर्चा आगे। और भी मेले इस मैदान में लगाये जाते हैं, ख़ासकर सरकारी मेले। सरकार के विभिन्न विभाग यहाँ हस्तशिल्प, व्यंजन आदि के मेले और प्रदर्शनियाँ लगाते हैं। हर समय कुछ न कुछ चलता ही रहता है।

विविध भारती का पंचरंगी कार्यक्रम

उस समय टीवी नहीं था, इसलिए मनोरंजन और सूचना का सबसे बड़ा साधन रेडियो हुआ करता था। हर घर में एक रेडियो था, चाहे छोटा हो या बड़ा। उस समय पॉकेट ट्रांजिस्टर भी आ गया था। शाम में दफ़्तर से आने के बाद प्रायः हर व्यक्ति एक ट्रांजिस्टर लेकर बैठ जाता। उन दिनों सिलोन रेडियो स्टेशन का जलवा था, बाद में विविध भारती ने उसकी जगह ले ली और उसका पंचरंगी कार्यक्रम लोगों की धड़कन बन गया। इन कार्यक्रमों ने लोगों पर अमिट छाप छोड़ी। वे जीवन का अभिन्न हिस्सा बन गये थे।

उन दिनों 'बिनाका गीतमाला' सबसे लोकप्रिय कार्यक्रम था। यह पहले रेडियो सिलोन पर आता था पर 1989 से विविध भारती पर आने लगा। इसके तहत हिन्दी फिल्मों के शीर्ष-10 गानों का काउंटडाउन होता था। इसके प्रस्तुतकर्ता अमीन सयानी अपनी खनक भरी आवाज़ में बताते थे कि कौन सा गाना कितने 'पायदान' की छलाँग लगाकर कहाँ से कहाँ पहुँचा। यह हर बुधवार रात आठ से नौ बजे प्रसारित होता था और कहा जाता है कि लोगों के बीच शर्तें लगा करती थीं कि आज बिनाका गीतमाला में अमुक गाना पहले नंबर पर होगा। अमीन सयानी की आवाज़ रात आठ बजते ही सबको सम्मोहित कर लेती थी। लोग पौने आठ बजे के आसपास ही रेडियो के पास आकर बैठ जाते थे। कार्यक्रम के दौरान सड़कें सूनी हो जाया करती थीं।

'जयमाला' फौजी भाइयों के लिए समर्पित कार्यक्रम था, जो रविवार को दोपहर तीन बजे आया करता था। इसमें कोई न कोई मशहूर हस्ती आती थी और अपने संस्मरण सुनाने के साथ फौजी भाइयों की फरमाइश पर गाने सुनाया करती थी। इसमें आने वाली शख़्सियतों में प्राण, अमरीश पुरी, गुलज़ार, अमिताभ बच्चन, अमोल पालेकर, एसडी बर्मन, आरडी बर्मन, मीना कुमारी आदि थे। सुनील गावस्कर को भी मैंने इस कार्यक्रम में सुना है।

'छायागीत' रात 10 बजे प्रसारित होता था। इसमें भी फिल्मी गाने पेश किये जाते थे। इसका प्रस्तोता गानों के बीच कोई एक सूत्र पिरोने की कोशिश करता था।

'हवामहल' लघु हास्य रेडियो नाटकों का कार्यक्रम था। तब यह रात नौ बजे प्रसारित होता था। पंद्रह मिनट की कोई नाटिका पेश की जाती थी। एक समय हमारे

घर में यह अलार्म का काम करता था। इसे सुनने के बाद हमलोग रात का खाना खाने बैठ जाते थे।

'संगीत-सरिता' सुबह साढ़े-सात बजे आता था, जिसमें शास्त्रीय संगीत के विभिन्न रागों की मूलभूत जानकारी दी जाती थी, साथ ही उन पर आधारित फिल्मी गीत भी सुनाये जाते थे। मेरे पिताजी को यह कार्यक्रम पसंद था। फरमाइशी फिल्मी गीतों के कई और कार्यक्रम भी थे।

आकाशवाणी पटना से 'लोहा सिंह' नाटक का प्रसारण भी लंबे समय तक होता रहा। नाटक के लेखक और लोहा सिंह का रोल करने वाले रामेश्वर सिंह कश्यप इतने लोकप्रिय थे कि उन्हें लेकर कई तरह किंवदंती बनने लगी थी। आकाशवाणी पटना से लोहा सिंह का प्रसारण तब शुरू हुआ था जब 1962 में चीन के ख़िलाफ युद्ध छिड़ गया था। कहा जाता है कि लोहा सिंह नाटक में चीन के विरुद्ध कई टिप्पणियाँ की गयी थीं, जिससे चीन तिलमिला गया था। रेडियो पेइचिंग के प्रसारण में कहा गया कि नेहरू ने आकाशवाणी पटना में एक भैंसा पाल रखा है, जो चीन की दीवार पर सींग मार रहा है। जब आकाशवाणी पटना से लोहा सिंह नाटक का प्रसारण होता था तो सड़कें और गलियाँ सूनी हो जाती थीं।

रेडियो पर तब कमेंट्री भी ख़ूब सुनी जाती थी। कमेंटेटर के रूप में जसदेव सिंह और सुशील दोषी की जादुई आवाज़ की ख़ूब चर्चा होती थी। जसदेव सिंह गणतंत्र दिवस और स्वतंत्रता दिवस के मौक़े पर दिल्ली में आयोजित झंडारोहण के कार्यक्रमों का आँखों देखा हाल सुनाते थे। सुशील दोषी क्रिकेट मैचों की कमेंट्री करते थे।

उन दिनों मेरे घर में एक बड़ा सा रेडियो हुआ करता था। उसे ऐसी ऊँची जगह पर रखा गया था, जहाँ से पूरे घर में आवाज़ फैल सके। उसका एक बड़ा सा एरियल (तार) था, जिसका एक सिरा रोशनदान से बाहर की तरफ़ निकला हुआ था। मेरे पिताजी उस रेडियो पर जान छिड़कते थे। उनका बहुत सारा समय उसी के साथ गुज़रता। वह दुनिया भर के स्टेशनों से प्रसारित कार्यक्रम सुनते थे।

सुबह उठते ही वह रेडियो काठमांडो लगा देते और भजन सुनते। उस समय नेपाल में राजतंत्र था और काठमांडो रेडियो की शुरुआत 'श्री पाँच को महाबानी' से होती थी। राजा को श्री पाँच कहा जाता था। इसमें संभवतः राजा की वंदना होती थी

या उनका संदेश सुनाया जाता था, यह मुझे ठीक से याद नहीं। काठमांडो रेडियो से गीतों के प्रसारण के दौरान बीच में प्रचार आया करते थे। श्रीराम बीड़ी का प्रचार मुझे अब भी याद है, जिसकी नकल मैं ख़ूब उतारा करता था।

शाम में पिताजी बीबीसी, डाउच वेले और रेडियो पेइचिंग सुनते थे। फिर विविध भारती सुनने लगते। अकसर वह बार-बार स्टेशन बदलते रहते, जिससे माँ परेशान हो जाती और झल्ला कर कहती कि कोई एक चीज क्यों नहीं सुनते।

जब विविध भारती ने रविवार को दिन में कई प्रायोजित धारावाहिकों का प्रसारण शुरू किया तो हमलोग उनके नियमित श्रोता बन गये। इनमें से एक में राजा मंदबुद्धि सिंह का चरित्र बड़ा लोकप्रिय हो गया था। वह बड़े नाटकीय अंदाज में कहता था – अब हम न्याय करेंगे। उन्हीं दिनों आकाशवाणी पटना से पिताजी के मैथिली नाटक भी आने लगे थे।

आकाशवाणी पटना से प्रसारित होने वाला कार्यक्रम 'चौपाल' काफ़ी लोकप्रिय था। यह मुख्यतः ग्रामीण श्रोताओं के लिए था पर शहर में भी सुना जाता था। इसमें बिहार की विभिन्न भाषाओं का प्रतिनिधित्व होता था। इसके प्रस्तुतकर्ता मुखियाजी के चरित्र के रूप में आते थे, जो हिन्दी बोलते थे लेकिन उनके साथ मैथिली, भोजपुरी और मगही में बोलने वाले तीन पात्र होते थे जो ग्रामीणों का प्रतिनिधित्व करते थे और उनके साथ एक महिला रहती थी। हमलोग रोज प्रादेशिक समाचार भी सुना करते थे। रविवार को बच्चों का कार्यक्रम बाल मंडली हुआ करता था।

उस समय लोग साइकिल पर भी चलते तो कंधे से रेडियो लटकाये रहते या साइकिल के आगे लगे बास्केट में रेडियो रख लेते। चाय या पान दुकानों पर रेडियो का रहना लगभग अनिवार्य था। क्रिकेट मैच के दिनों में कई बार दुकानों में भीड़ लग जाया करती थी। मैं उन दिनों की बात कर रहा हूँ जब एकदिवसीय मैच कम लोकप्रिय थे और पाँच-पाँच दिनों के टेस्ट मैच ही ज़्यादा हुआ करते थे। कई क्रिकेट प्रेमी तो ऐसे थे, जो पाँच दिनों तक रेडियो से चिपके रहते। हमारे एक शिक्षक को कमेंट्री सुनने का ऐसा बुख़ार लगा था कि जिन दिनों मैच नहीं चल रहे होते वे एक लड़के से कमेंट्री सुनते। वह लड़का एक कमेंटेटर की तरह काल्पनिक कमेंट्री सुनाता। शिक्षक महोदय लड़के से फरमाइश करते कि अरे भाई, इंडिया का स्कोर तेजी से बढ़वाओ। चुनावों

के समय समाचार सुनने के लिए भी लोगों का हुजूम उमड़ पड़ता था। बसों और ट्रेनों में भी लोग ट्रांजिस्टर लेकर यात्रा किया करते थे। यह स्थिति टेलीविजन आने तक बनी रही।

जब आया बुद्धू बक्सा

जब देश में टेलीविजन का प्रसार हुआ तब शुरू-शुरू में पटना के गिने-चुने घरों में ही टीवी आया। टेलीविजन के प्रसार के साथ ही उसका नाम पड़ा – बुद्धू बक्सा। उस समय तक हमलोग कंकड़बाग़ मोहल्ले में रहने चले गये थे। वहाँ हमारे घर के ठीक ऊपर वाले फ्लैट में टेलीविजन ख़रीदा गया। जब एंटिना की फीटिंग चल रही थी तो हमारे घर के सामने बच्चों की भीड़ लग गयी। उस रोड के तमाम फ्लैटों में यह ख़बर फैल गयी कि पड़ोस में टीवी लग गया है। सब इस तरह प्रसन्न हुए जैसे उनके घर में ही टीवी आया हो।

वह समय ही ऐसा था। किसी एक की उपलब्धि पर सामूहिक खुशी मनायी जाती थी। हमलोग कुछ ज़्यादा ही ख़ुश थे क्योंकि हम निकटतम पड़ोसी थे। बस सीढ़ी ही चढ़नी थी। दूसरे दिन से उनके घर बच्चों का तांता लग गया। शाम छह बजे से कार्यक्रम की शुरुआत होती थी। कृषि दर्शन और समाचार भी सब टकटकी लगाये देखते। रविवार को ख़ासतौर से भीड़ होती थी क्योंकि उस दिन फिल्म आती थी। हमारे मोहल्ले के बच्चे, औरतें सब साधिकार उनके घर पहुँच जातीं। वे भी पहुँचतीं, जिनकी उस परिवार से बातचीत भी नहीं होती थी।

टीवी की तरह टेलीफोन भी साझा हुआ करता था। किसी एक के घर फोन लग गया, बस पूरा मोहल्ला उसी से बात करता। उसी पर सबके फोन आते। फोन वाले घर के व्यक्ति का एक अतिरिक्त काम यह भी होता, मोहल्ले में जाकर यह बताना कि भाई तुम्हारा फोन आने वाला है, चलो। कई बार तो मेसेज लिखकर रखना होता था और संबंधित व्यक्ति को बताना होता था। लेकिन यह सब करने में किसी को तकलीफ़ नहीं होती थी लोग ख़ुशी-ख़ुशी यह काम करते थे।

सितारा देवी, किशन महाराज, कुमार गंधर्व ...

पटना में ज़बरदस्त उत्सवधर्मिता रही है। हर छोटे-बड़े त्योहार में लोगों का उत्साह देखते ही बनता है। पर्वों के मौके पर कुछ समय के लिए लोग अपनी परेशानियाँ दरकिनार कर देते हैं। वे बिजली-पानी की किल्लत, सड़क जाम और तमाम दूसरी तरह की मुश्किलों को भुला कर पर्व के आनंद में डूब जाते हैं। मुझे कई ऐसे मौक़े याद है, जब खराब मौसम में, सड़कों पर पानी भरा रहा है, तब भी त्योहारों की रौनक़ में कमी नहीं आयी।

छठ और दुर्गा पूजा में कौन ज़्यादा बड़ा पर्व है, कहा नहीं जा सकता। दुर्गा पूजा को पटना के बंगालियों ने एक भव्य स्वरूप दिया है। वैसे इसमें हर किसी की भागीदारी रहती है। नवरात्रि के दिनों में पूरा पटना दशहरा के रंग में डूबा रहता है। शहर की गलियों में जलते कपूर और धूप-बत्ती की गंध फैली रहती है। बंगाल की तरह ही यहाँ भी विशालकाय पंडाल बनते हैं, जिनमें देवी की भव्य प्रतिमा स्थापित की जाती है।

बचपन में हम भाई-बहन दुर्गा पूजा के इंतज़ार में रहते थे। एक तो इसलिए कि हमारे नये कपड़े बनते थे। उन दिनों बाज़ार हमारे जीवन में बहुत ज़्यादा शामिल नहीं हुआ था। आज की तरह लोग आये दिन कपड़े नहीं ख़रीदते थे। किफ़ायत के साथ रहने का चलन था। कपड़े होली-दशहरा के मौक़े पर या शादी-ब्याह के अवसर पर बनते थे। इसलिए नवरात्रि शुरू होते ही ख़रीदारी शुरू हो जाती थी। इसकी शुरुआत महालया से होती थी।

महालया का अर्थ है पितृ पक्ष की समाप्ति और दुर्गा पूजा की शुरुआत। श्राद्ध की समाप्ति और दुर्गा पूजा आने के एक दिन पहले आकाशवाणी से अलस्सुबह 4 बजे आकाशवाणी से दुर्गा स्तुति का एक पाठ प्रसारित किया जाता था, जिसे हम सब महालया ही कहते थे। यह दरअसल वीरेंद्र कृष्ण भद्र की आवाज़ में रिकॉर्ड किया गया 90 मिनट का एक रेडियो-ड्रामा है, जिसे देवी दुर्गा की आराधना का सबसे विलक्षण पाठ माना जाता है। यह इतना लोकप्रिय है कि 50 वर्षों से भी ज़्यादा समय से आकाशवाणी के ज़रिए इसे देश के कोने-कोने में सुना जा रहा है। बंगाल में तो इसके बग़ैर दुर्गापूजा की कल्पना ही नहीं की जा सकती। मेरे पिताजी इसे नियमित

तौर पर सुनते थे। हम सबकी नींद भी इससे ही टूटती थी। बाहर निकलने पर कई और घरों से भी वीरेंद्र कृष्ण भद्र की ओजपूर्ण आवाज़ गूँजती हुई आती थी।

दशहरे में बच्चों को घूमने-फिरने, अपनी मर्ज़ी से खाने-पीने और बहुत सारी चीज़ें ख़रीदने की स्वतंत्रता मिलती थी। हम बच्चे पहले से भी पैसे बचाकर रखते थे। फिर दशहरे में अलग से भी पैसे मिलते थे।

थोड़ा बड़े होने पर घूमने का आकर्षण बढ़ा। हम सपरिवार पैदल ही लगभग सारा शहर घूम लेते और विभिन्न मूर्तियों की तुलना करते कि कहाँ की प्रतिमा ज़्यादा बड़ी है या किसमें क्या ख़ासियत है? मूर्तियों को लेकर तरह-तरह के प्रयोग किये जाते थे। कहीं ब्लेड की प्रतिमा बनती थी तो कहीं सरसों की तो कहीं नारियल के बाल की। हम इन्हें भौंचक देखते और कलाकारों को मन ही मन दाद देते। पटना में प्रतिमाएँ बनाने के लिए कई कलाकार कोलकाता से आते थे। आज भी आते हैं। आज भी सब कुछ वैसा ही हो रहा है। बस एक चीज़ की कमी खलती है, वह है सांस्कृतिक कार्यक्रम।

पटना की दुर्गा पूजा का सबसे बड़ा आकर्षण रहा है – इस अवसर पर होने वाले सांस्कृतिक कार्यक्रम। पूजा के तीन दिनों के दौरान देश भर से अनेक दिग्गज कलाकार आकर पटना में अपनी कला का प्रदर्शन करते थे और लोग रात-रात भर कार्यक्रम देखते थे – शांत और दत्तचित्त होकर। क्या मजाल कि कोई थोड़ा भी शोर मचाये! वर्ष 85 तक पटना में शास्त्रीय संगीत-नृत्य के शानदार कार्यक्रम हुए। पटना कॉलेजियट स्कूल के मैदान में मैंने कई बड़े कलाकारों को देखा है। और भी कई जगहों पर ऐसे कार्यक्रम आयोजित होते थे। यह सिलसिला 1944 में शुरू हुआ था। उस साल गोविंद मित्रा रोड में भव्य पूजा पंडाल बना और वहीं संगीत कार्यक्रम आयोजित हुआ था। अगले तीन-चार वर्षों में इसने जोर पकड़ लिया। 1949 में लंगर टोली और 1950 में पटना जंक्शन के पास दुर्गापूजा के मौके पर संगीत कार्यक्रम हुए। इसके बाद तो पटना की कई और पूजा समितियों में होड़ सी लग गयी कि कौन कितने नामी कलाकार को बुलाता है। इसका लाभ पटना के लोगों को हुआ और उन्हें संगीत, गायन और नृत्य से जुड़े दिग्गज कलाकारों की कला को देखने का अवसर मिला। लोग उन कलाकारों का बेहद सम्मान करते थे। कलाकारों को पटनावासियों का कला प्रेम प्रभावित करता था।

वे दशहरा में पटना से आमंत्रण मिलना अपना सौभाग्य मानने लगे थे।

कौन ऐसा नामी-गिरामी कलाकार होगा जो पटना नहीं आया, चाहे वे शास्त्रीय संगीत के महान गायक डीवी पलुस्कर हों या ओकारनाथ ठाकुर, भारत रत्न भीमसेन जोशी हों, पंडित जसराज हों या कुमार गंधर्व। ये सभी पटना में कार्यक्रम प्रस्तुत कर चुके हैं। विख्यात तबला वादक गोदई महाराज, किशन महाराज, कथक नृत्य के महारथी बिरजू महाराज और सितारा देवी भी पटना आ चुकी हैं। शहनाई वादक बिस्मिल्ला खान, बांसुरी वादक हरिप्रसाद चौरसिया, संतूर वादक शिव कुमार शर्मा पटना में अपनी कला का प्रदर्शन कर चुके हैं। फिल्मी गायकों में मुकेश भी संगीत कार्यक्रम के लिए यहाँ आते थे। लोगों में चर्चा रहती थी कि अमुक कलाकार आ रहे हैं, उन्हें सुनना है। कई बार तो लोग एक जगह कार्यक्रम देखने के बाद दूसरी जगह चले जाते थे। तब देश भर में पटनावासियों के कलाप्रेम की चर्चा होती थी।

लेकिन अस्सी के दशक के उत्तरार्ध में ऐसा क्या हुआ कि ये कार्यक्रम बंद हो गये? इस सवाल का जवाब आसान नहीं है। कई लोग मानते हैं कि एक नयी पीढ़ी आ गयी, जिसकी शास्त्रीय कला में कोई रुचि नहीं थी। यह भी कहा जाता है कि उसी समय से शहर की कानून-व्यवस्था भी गड़बड़ाने लगी थी। उसी समय टीवी आ गया था और पॉप कल्चर का प्रचार शुरू हो गया था। ऑरकेस्ट्रा प्रोग्रामों के ज़रिए फिल्म संगीत को बढ़ावा दिया जाने लगा। कई सारी वजहें हो सकती हैं।

उन दिनों कई ऑरकेस्ट्रा ग्रुप घूम-घूमकर अपना कार्यक्रम प्रस्तुत करते थे। इन ग्रुपों में कोई कलाकार मुकेश की आवाज़ में गाता, तो कोई मोहम्मद रफ़ी तो कोई किशोर कुमार की आवाज़ में। इनका प्रोग्राम भी रात भर चला करता था। जिस इलाक़े में इसका आयोजन होता, वहाँ सुबह से किशोरों और युवाओं में इसकी चर्चा रहती। कलाकारों के बारे में न जाने सबको जानकारियाँ कहाँ से मिली होतीं। कोई कहता कि अमुक गायक तो अमेरिका में भी लोकप्रिय है। कोई कहता कि फलां गायक को तो फिल्म में चांस मिला लेकिन उसने ठुकरा दिया। वे लोग सुबह से वहाँ मँडराने लगते और शामियाना लगते, मंच बनते देखते रहते। ख़ूब उत्साह रहता। हालाँकि मेरे पिताजी और उनके कई मित्र औरकेस्ट्रा पार्टी के प्रोग्रामों को पसंद नहीं करते थे। वे इसे सस्ता मनोरंजन और कला का पतन बताते थे।

'अपार भीड़ ले रहा है'

कॉलेज में आने के बाद फिल्में देखने का सिलसिला थोड़ा नियमित हुआ। फिल्मों का कोई बहुत शौक़ीन तो नहीं था, पर कभी-कभार अच्छी फिल्में देखने की इच्छा होती थी। उन्हीं दिनों समानांतर फिल्म का दौर शुरू हुआ तो उस श्रेणी की जो भी फिल्में आतीं, उन्हें देखता था। उन दिनों समानांतर फिल्में देखना बौद्धिक होने की निशानी हुआ करता था। हमलोग (मैं और संतोष चंदन) फिल्में देखकर आते और उन पर चर्चा करते। कई बार अपने अन्य मित्रों के बीच कोई प्रसंग छेड़ देते फिर बात फिल्म तक सीमित नहीं रह जाती, वह समाजशास्त्र, अर्थव्यवस्था और राजनीति तक जाती। हमलोग कुछ इस भाव से बातें करते कि देखो हमारा टेस्ट थोड़ा अलग है। उस उम्र में थोड़ा 'अलग' होने और दिखने का एक क्रेज़ था।

एक बार हमलोग एक मित्र के घर टीवी पर प्रकाश झा की *दामुल* देख रहे थे। मित्र के घर के लोग परेशान थे। मित्र की बहन बार-बार आकर पूछती थी – इसमें कोई गाना नहीं है क्या? मित्र ने उसे डाँटते हुए कहा – ये कोई ऐसी-वैसी फिल्म नहीं है।

80-85 तक पटना के सिनेमा हॉलों में एसी नहीं हुआ करता था। बड़े-बड़े पंखे लगे रहते थे जिनके चलने की घर्र-घर्र आवाज संवादों के बीच में सुनायी देती थी। हालाँकि फिल्म में खो जाने के बाद यह आवाज़ सुनायी देनी बंद हो जाती थी लेकिन इंटरवल में फिर वह आवाज़ आने लगती थी। बाद में एयरकूलर की व्यवस्था हुई। फिर एयकंडीशन का दौर आया।

अख़बारों के दूसरे पेज पर चौकोर आकार में सिनेमा का विज्ञापन हुआ करता था। विज्ञापन में हॉल के बारे में बाकायदा लिखा होता था – एयरकूल्ड। नई फिल्मों के बारे में कहा जाता – 'अपार भीड़ ले रहा है।' यह भी बताया जाता – शानदार दसवाँ सप्ताह। पहले अच्छी फिल्में महीनों चलती थीं। उस समय सिनेमाघरों में धूम्रपान निषेध नहीं था। लोग सिनेमा देखते हुए बीड़ी-सिगरेट पीते रहते थे। गर्मी लगने पर तो कई लोग शर्ट उतार दिया करते थे, यहाँ तक कि बनियान भी।

बैठने की व्यवस्था के हिसाब से चार श्रेणियां थीं-फर्स्ट क्लास, स्पेशल, बालकनी और ड्रेस सर्किल। फर्स्ट क्लास सबसे सस्ता था और उसमें प्रायः ग़रीब लोग बैठते थे। फर्स्ट क्लास में सिनेमा देखना मध्यवर्ग के लिए अपमान की बात मानी जाती थी।

लेकिन मज़बूरी में कई बार उसमें देखना पड़ता था क्योंकि अकसर दूसरी क्लासों में जब टिकट ख़त्म हो जाया करते थे तो हमें फर्स्ट क्लास का टिकट लेना पड़ता था और पर्दे के ठीक सामने बैठना पड़ता था, जिससे गर्दन में दर्द होने लगता था। युवाओं की सबसे प्रिय जगह थी – स्पेशल। उस समय स्पेशल का टिकट चार रुपये में मिलता था।

अच्छी फिल्में कई दिनों तक हाउसफुल चला करती थीं और सिनेमा के टिकट ब्लैक में बिका करते थे। टिकट ब्लैक करने वालों का एक बड़ा गिरोह हुआ करता था। हमारे कई मित्रों के अनुसार ब्लैक करने वालों को पहचानना और उनसे टिकट ख़रीदना एक कला है। वैसे कुछ लोग थोड़े पैसे लेकर दूसरों के लिए टिकट ख़रीदने का भी धंधा करते थे। वे पहले से लाइन में लगे रहते और जब कोई उनसे अपने लिए टिकट ख़रीदने कहता तो वे उससे एक या दो रुपये अतिरिक्त लेकर टिकट ख़रीद देते। एक बार मैंने भी ऐसे एक व्यक्ति से टिकट ख़रीदा है।

पटना में कोई चर्चित फिल्म किसी हॉल में लगती तो शुरुआती कुछ दिनों में हॉल में लाठीचार्ज होने की ख़बरें ज़रूर आतीं। दरअसल नौजवानों के एक तबके में किसी फिल्म का पहला शो देखने का एक क्रेज हुआ करता था और इस चक्कर में टिकट खिड़की पर उनका हुजूम उमड़ पड़ता था।

यह सब उस दौर की बात है, जब पटना में टीवी का चलन बहुत नहीं हुआ था। तब सपरिवार सिनेमा देखने का एक चलन था। लोग रिक्शे और स्कूटर पर बैठकर फिल्म देखने आते थे। चूँकि कई सिनेमाघर एक ही इलाक़े में आसपास ही हुआ करते थे, तो ऐसा भी होता था कि एक हॉल में टिकट नहीं मिला तो दूसरे में प्रयास करते थे और उसमें भी नहीं मिलने पर तीसरे में प्रयास करते थे। हमारे साथ भी कई बार ऐसा हुआ कि घर से सोचकर चले कोई और फिल्म देखने लेकिन देखकर आये कोई और।

मैट्रिक की परीक्षा का आख़िरी पेपर देने के बाद फिल्म देखना एक रस्म बन गया था। मुझे भी इसे निभाना था। हम मित्रों ने तय किया कि चलकर *प्रेमगीत* देखेंगे। लेकिन उसका टिकट मिला ही नहीं। भागे हुए बगल के हॉल में पहुँचे और *प्रेमरोग* देखकर लौटे। कॉलेज से क्लास बंक कर फिल्म देखने जाने का एक अपना ही रोमांच होता था।

लेकिन एक शो ऐसा हुआ करता था, जिसमें सिर्फ़ नौजवान ही जुटा करते थे, हालाँकि कई बार कुछ अधेड़ भी मुँह छुपाकर बैठे रहते थे। यह था – मॉर्निंग शो। इस शो में अक्सर अंग्रेजी या मलयाली एडल्ट फिल्में चला करती थीं। प्रायः यह अफ़वाह उड़ती थी कि इन फिल्मों के बीच में ब्लू फिल्म की रील जोड़ दी जाती है। कुछ लोग इसी की पड़ताल करने पहुँच जाते थे और निराश होकर लौटते थे।

एक बार मैं होली के दिन सिनेमा देखने गया। साथ में मेरा मित्र मनीष भी था। होली में थोड़ा घूमने-फिरने के बाद लगा कि टाइम पास करने के लिए सिनेमा देखना चाहिए। हम लोग चाणक्या में पहुँचे। वह एक अद्भुत अनभव था। समझ में नहीं आ रहा था कि फिल्म पर्दे पर चल रही है या हॉल की कुर्सियों पर। उस दिन प्रायः हर व्यक्ति नशे में लग रहा था। सब रंग-अबीर लगकर भूत बने हुए थे। फिल्म के किसी दृश्य पर सीटी बजती तो ख़त्म होने का नाम ही नहीं लेती। इसके अलावा अनेक तरह के संवाद दर्शकों के बीच से उभरते। अचानक गालियाँ उछलने लगतीं। एक अजीब शोरगुल का माहौल था। कई बार लगा कि अब मारपीट शुरू होगी। हमलोग आधी ही फिल्म देखकर लौट आये।

टीवी के प्रसार के साथ ही सिनेमा हॉलों की रौनक़ कम होती गयी और कई थियेटर बंद हो गये।

समेट दिये गये पर्दे

पटना में बहुत सारे सिंगल स्क्रीन थियेटर हुआ करते थे, जिनमें किसी ज़माने में ख़ूब चहल-पहल रहा करती थी, पर समय के साथ उनमें से बहुत सारे अलग-अलग वजहों से बंद हो गये। जैसे बुद्ध मार्ग में एक सिनेमा हॉल हुआ करता था – पर्ल। मैंने उसमें कई पुरानी फिल्में देखी हैं जैसे आवारा, संगम वगैरह। पटना में पुरानी फिल्में भी बीच-बीच में आया करती थीं। पर्ल में अकसर ऐसी फिल्में दिखायी जाती थीं पर सुना कि ज़मीन संबंधी विवाद के कारण वह बंद हो गया। एग्जीबिशन रोड में चाणक्या सिनेमा हॉल 1982 के आसपास खुला था। अपने समय में वह अन्य थियेटरों से थोड़ा आधुनिक लगता था, इसलिए उसके खुलने पर शुरू-शुरू में उसमें फिल्म देखने के लिए

भीड़ उमड़ पड़ी थी। लेकिन उसका दुर्भाग्य देखिये, बैंक का लोन चुकता नहीं करने के कारण बैंक ने उसकी नीलामी कर दी। डीआरडीए से किसी ने इसे ख़रीद कर यहाँ मल्टीप्लेक्स बनाने का फ़ैसला किया। वैसे इसके मालिक का दावा है कि वह ख़ुद ही निर्माण कार्य कर रहे हैं।

पटना के व्यस्त एग्जीबिशन रोड में अप्सरा सिनेमा हॉल था, जो अपनी रौनक़ खोता गया और एक दिन बंद हो गया। पीरमुहानी के उमा और राजेंद्रनगर टर्मिनल के निकट के वैशाली का भी यही हश्र हुआ। बारीपथ का रूपक, जो एडल्ट फिल्मों के लिए ख़ासतौर से जाना जाता था, भी बंद हो गया। पटना के सिनेमा घरों की भी अपनी अलग-अलग हैसियत थी। कुछ सिनेमा हॉल के बारे में मशहूर था कि उसमें सिर्फ़ हुड़दंगी लड़के ही पहुँचते हैं। कुछ की इस रूप में प्रतिष्ठा थी कि वह सभ्य और संभ्रांत लोगों का हॉल है। बुद्धमार्ग के सिनेमा हॉल 'अशोक' की ऐसी ही छवि थी। माना जाता था कि इसकी सीट से लेकर साउंड, एसी, पिक्चर व साउंड क्वालिटी तक उम्दा है। बाहर से लोग जब पटना आते, तो इसमें सिनेमा देखना नहीं भूलते थे। हालाँकि अनेक कारणों से यह भी बंद हो गया। इसी तरह पटना सिटी में आनंद टॉकीज व कृष्णा टॉकीज दो ही सिनेमा हॉल थे, जो बंद हो चुके हैं।

कुछ सिनेमा हॉलों के बंद होने के पीछे की कहानियाँ सुनकर अफ़सोस होता है। इससे कहीं न कहीं शहर के सामाजिक माहौल पर प्रश्न भी उठते हैं। कई मालिकों की शिकायत है कि क़ानून-व्यवस्था की स्थिति ठीक न होने की वजह से वे हॉल नहीं चला पाये। एक तबक़े का फ्री में सिनेमा देखने का दबाव रहता था, फिर हॉल में उसकी दबंगई का असर दर्शकों पर पड़ता था। नशा कर शोर करना व छेड़खानी आम बात हो गयी। इससे सामान्य दर्शक हॉल पहुँचने से कतराने लगे। उन्हें पुलिस का भी सहयोग नहीं मिलता था। ऊपर से सरकार की ओर से टिकट पर लगातार टैक्स बढ़ाया जा रहा था। इस तरह हॉल की पूरी सीट भरे न भरे, मालिक को हर शो का पूरा टैक्स देना होता था। सेल्स टैक्स बढ़ने से टिकटों का रेट भी बढ़ा, जिसने आम दर्शकों को दूर किया। टिकटों की ब्लैकमार्केटिंग भी समस्या थी।

पटना में अब सिर्फ़ चार सिनेमाहॉल बचे हैंः गांधी मैदान के पास एलिफिंस्टन, मोना, रीजेंट एवं पटना जंक्शन के पास वीणा। सिनेपोलिस में चार स्क्रीन हैं।

भोज और कुकुरभोज

कम से कम नब्बे तक पटना में सामूहिकता का बंधन काफी मज़बूत रहा है। इस सामूहिक जीवन का एक बड़ा हिस्सा था – भोज। शादी-ब्याह, जनेऊ, मुंडन से लेकर श्राद्ध तक में लोग भोज दिया करते थे। तब आज की तरह उसे पार्टी या डिनर वगैरह नहीं कहा जाता था। उसे भोज कहा जाता था। आज की तरह शादियाँ या अन्य समारोह होटलों या बैंक्विट हॉलों में नहीं हुआ करते थे। लोग घरों में ही यह आयोजन किया करते थे।

जिनके घरों के आगे कोई मैदान हुआ करता था, वे उस मैदान का इस्तेमाल करते थे, नहीं तो अपने सामने की सड़क को घेर लेने का चलन था। सड़क पर ही शामियाना लगा दिया जाता था। खाने का इंतज़ाम सड़कों पर ही होता था। छत भी इस काम में लाये जाते थे। कुर्सी-टेबल लगा दी जाती थी और उस पर पत्तल पर खाना दिया जाता था। पत्तल सखुआ के पत्तों को सींक से जोड़-जोड़कर बनाया जाता था और एक बड़े से कुल्हड़ (जिसे वहाँ चुक्कड़ कहा जाता था) में पानी दिया जाता था। लोग बैठ जाते थे फिर खाना परोसा जाता था।

खाना परोसने का भी एक व्याकरण था। सबसे पहले चटनी, साग और रायता आदि परोसा जाता था फिर सब्ज़ी आती थी। उसके बाद पूरियाँ आती थीं। जब लोग कुछ देर पूरी खा चुके होते, तब पुलाव और दाल आती थी। उसके बाद बूंदी और अंत में दही परोसा जाता था। कई जगहों पर बूंदी के अलावा अन्य मिठाइयाँ भी आती थीं, पर सामान्य तौर पर पूरी-सब्ज़ी और बूंदी ही मेन्यू का मूलभूत अंग थीं।

पत्तलों में बाद में सुधार हुआ और सींक से जोड़े जाने के बजाय उन्हें मशीन से थाली की तरह गोल किया जाने लगा। उन्हीं पत्तों से छोटे-छोटे कटोरे बनाये जाने लगे। भोज का यही स्वरूप मैंने लंबे समय तक देखा। कुछ छोटे आयोजनों में नीचे फर्श पर बैठकर खाना खिलाया जाता था। चादर या दरी को मोड़कर बिछा दिया जाता था और लोग उस पर बैठते थे। कई बुज़ुर्ग लोग टेबल-कुर्सी पर खाने के ख़िलाफ़ रहते थे। ऐसे लोगों के लिए नीचे ही व्यवस्था की जाती थी। शादियों में पहले ही पूछ लिया जाता था कि कितने लोग नीचे पंगत में बैठकर खायेंगे। उन दिनों मोहल्ले में जहाँ कहीं भी भोज होता था, लोग पहले पहुँचकर दूसरों को परोसकर खाना खिलाते थे। बाद में

ख़ुद खाते थे। ख़ासकर लड़की की शादी में तो मोहल्ले भर के लोग सक्रिय हो जाते थे।

1985 के आसपास खाने के तौर-तरीके में परिवर्तन आने लगा। अब बूफे का चलन आया। जाहिर है कोई भी नया रिवाज़ पहले अभिजात वर्ग से शुरू होता है फिर वह धीरे-धीरे नीचे तक पहुँचता है। पटना के मध्यवर्ग तक इसे पहुँचने में थोड़ा वक़्त लगा। इसे लेकर शुरू-शुरू में जो प्रतिक्रियाएं आईं वे मजेदार थीं। किसी भी नयी चीज़ की तरह सबसे पहले इसे रिजेक्ट किया गया। लोग यही नहीं समझ पा रहे थे कि हज़ारों लोग अपना खाना ख़ुद कैसे लेकर खा सकते हैं। यह तो मेहमानों की सरासर बेइज़्ज़ती हुई। हम कहीं जायें और अपना खाना ख़ुद लें, ये कोई बात हुई!

जो लोग कहीं बूफे में खा आये, वे दूसरों के सामने इसका बड़ा अजीब वर्णन करते- अरे भाई यह तो एकदम कुकुरभोज है। लोग कुत्तों की तरह खाने पर टूट पड़ते हैं। प्लेट लेकर भीड़ में भटकते रहिये। एक-एक चीज़ के लिए इंतज़ार करते रहिये कि मौका मिले तो लें। अब खड़े-खड़े ठीक से खाया भी नहीं जाता। कुछ लोगों का कहना था कि बूफे का मतलब है भोजन की बर्बादी। लोग प्लेट में भर लेते हैं फिर बाद में फेंक देते हैं। तरह-तरह के किस्से प्रचलित हो गये थे कि अमुक व्यक्ति ने पहाड़ की तरह पूरियाँ ले रखी थीं या उनके प्लेट में मुर्गे की इतनी टाँगें थीं।

लेकिन इतनी आपत्तियों के बावजूद इसे स्वीकार करना ही पड़ा। क्योंकि कोई रास्ता नहीं था। शहर की जनसंख्या बढ़ रही थी। लोगों के पास जगहें कम हो रही थीं। कम जगह में ज़्यादा लोगों के खाने की व्यवस्था इस नयी पद्धति में ही संभव थी।

अब न सिर्फ़ खाने का तरीका बदला बल्कि मेन्यू में भी बड़ा बदलाव आया। यह खाने में पनीर क्रांति का दौर था। पनीर ने पारंपरिक सब्ज़ियों को बेदख़ल करके मुख्य सब्ज़ी की जगह ले ली। पहले भोज में पूरी या पुलाव के साथ मुख्य सब्ज़ी के तौर पर सर्दियों में गोभी बनती थी और गर्मियों में परवल। कहीं-कहीं कटहल की सब्ज़ी या उसका कोफ्ता बनता था। बाद में शाही पनीर या मटर पनीर ने उसकी जगह ले ली। हालाँकि पनीर को भी थाली का हिस्सा बनने के लिए संघर्ष करना पड़ा। इसे लेकर भी मध्यवर्ग में ख़ासी शंका रही। अब यह कहना तो बड़ा मुश्किल है कि शहर में पनीर की शुरुआत कब से हुई पर मैंने अपने दायरे में इसके दाख़िल होने के पहले दिलचस्प चर्चे

सुने जिनसे लगा कि इसे लेकर लोगों के मन में काफी झिझक थी।

लोग यही नहीं समझ पा रहे थे कि दूध से बनी किसी चीज़ से सब्ज़ी कैसे बन सकती है। और दूध की चीज़ में नमक कैसे मिलाया जा सकता है। इससे तो दूध फट जायेगा। फिर पनीर बनाने की प्रक्रिया को लेकर भी तरह-तरह की बातें की जाती थीं, मगर ऐसा कहने वाले ही फिर उसका इस्तेमाल करने लग गये।

इसी तरह सूप को लेकर भी मज़ेदार बातें होती थीं। इसका सूप नाम होने के कारण ही लोग इस पर हँसते थे। कई लोगों को यह बेमतलब लगता था मगर यह भी धीरे-धीरे शादियों या अन्य समारोहों का हिस्सा बन गया।

मिठाई की जगह आइसक्रीम और गाजर के हलवे का चलन भी इसी दौर की देन है। फिर पान का चलन बंद हो गया। पहले भोज के बाद एक व्यक्ति ट्रे लेकर घूमता था, जिसमें पान-सुपारी, जर्दा, मीठा मसाला वगैरह रखे जाते थे। कई जगहों पर सिगरेट और माचिस भी हुआ करती थीं। लेकिन बूफे के बाद इस ट्रे की विदाई हो गयी।

फास्टफूड का डर

फास्टफूड को लेकर भी शुरू में लोगों ने ऐसी ही प्रतिक्रिया दी। फास्टफूड को लोगों ने चाइनीज फूड के रूप में पहचाना। कहा जाता है कि इसकी शुरुआत मौर्य कॉम्प्लेक्स से हुई, बाद में यह शहर भर में फैल गया। लोगों ने शुरू में इसे भी संदेह की नज़र से देखा। चूँकि चाइनीज खानों को लेकर यह धारणा बनी हुई रहती है कि पता नहीं वे लोग क्या-क्या खाते हैं, सो सबको लगा कि फास्ट फूड में भी कुत्ते-बिल्ली का माँस आदि रहता होगा। लेकिन धीरे-धीरे साफ़ हुआ कि ऐसा कुछ भी नहीं है, बल्कि यह तो शाकाहारी भी होता है। फिर भी इसे लेकर न जाने क्यों लोगों में झिझक बनी रही।

मेरे भीतर भी झिझक थी। समझ में नहीं आता था कि जाकर क्या माँगूगा। वहाँ जो लिस्ट टँगी रहती थी, उसमें कुछ भी समझ में नहीं आता था। खैर, मैंने अपने एक कवि मित्र के सामने प्रस्ताव रखा कि चलकर खाया जाये। वे भी सोच में पड़ गये। वे

पक्के शाकाहारी थे। मैंने कहा कि चलकर पूछ लेंगे कि शाकाहारी है कि नहीं। हमलोग साहस करके पहुँचे। किसी तरह सकुचाते हुए वेज चाउमीन का ऑर्डर दिया। हमें बड़ा पसंद आया। फिर सारी झिझक ख़त्म हो गयी। मेरे पिताजी और उनकी पीढ़ी के कई लोगों ने फास्टफूड को अंत-अंत तक स्वीकार नहीं किया।

लव इन पटना

आज की नयी पीढ़ी के लिए यह कल्पना भी मुश्किल है कि इंटरनेट और मोबाइल के ब़गैर प्रेम कैसे किया जा सकता है। लेकिन प्रेम तो हर युग में परवान चढ़ता रहा है तमाम विघ्न-बाधाओं के बीच। इसमें कोई दो राय नहीं कि पटना का समाज उन दिनों एक बंद समाज था, जहाँ लड़के-लड़कियों के बीच खुले संवाद और स्वस्थ मैत्री की गुंजाइश कम ही थी। उस दौर में को-एजुकेशन वाले स्कूल बेहद कम थे। ऐसे कॉलेज भी सिर्फ़ दो थे, जिसमें को-एजुकेशन था। और जिसमें को-एजुकेशन था वहाँ भी मेलजोल कम ही था।

लड़कियाँ समूह में क्लास में घुसती थीं और क्लास ख़त्म होते ही तेज़ी से भागकर गर्ल्स कॉमन रूम में शरण लेती थीं। कॉलेज कैंपस में कोई लड़की अकेले चलने से बचती थी।

लड़कों के लिए लड़कियाँ एक अजूबा थीं। कारण यह था कि मोहल्ले और परिवारों में भी लड़के-लड़कियों के सहज रूप से मिलने की गुंजाइश न के बराबर थी। दस-बारह साल की होते ही लड़कियों को अपने भाइयों और अन्य लड़कों के साथ खेलने से मना किया जाता था। लड़कियों के दिमाग में भरा जाता था कि वे लड़कियाँ हैं, वे लड़कों से अलग हैं। इस तरह एक दूरी बन जाती थी। यही वजह है कि कॉलेज में एकाएक बहुत सारी लड़कियों से सामना होने पर लड़के असहज हो जाते थे। वे समझ नहीं पाते थे कि उनसे किस तरह व्यवहार करें। अपनी इस दुविधा की अभिव्यक्ति एक बड़ा तबक़ा उन पर भद्दी छींटाकशी करके या उन्हें किसी और तरीक़े से परेशान करके करता था। लेकिन इन सबके बावजूद दोस्तियाँ होती थीं, ख़ासकर ग्रेजुएशन और पोस्ट-ग्रेजुएशन के स्तर पर। कई ऐसे विषय थे, जिनमें काफी कम विद्यार्थी हुआ

करते थे। कुछ विषयों में लड़कियाँ, लड़कों से ज़्यादा हुआ करती थीं। उन क्लासेज में आपसी संवाद की गुंजाइश बनती थी।

वे लड़के दूसरे लड़कों के निशाने पर आ जाते थे, जो लड़कियों से बात करते थे। सिर्फ़ बात कर लेने भर से वे औरों के लिए ईर्ष्या का पात्र बन जाते थे। कुछ अपराधी प्रवृत्ति के लड़के किसी लड़की से अपना एक काल्पनिक रिश्ता जोड़ लेते थे। अगर कोई लड़का उस लड़की से बात करता तो उस लड़के को धमकियाँ मिलने लगती थीं। पिटाई भी हो जाती थी। वैसे एक बड़ी संख्या में लड़के इस कुंठा से ग्रस्त रहते थे कि उनकी किसी लड़की से दोस्ती क्यों नहीं है।

बहरहाल ऐसे माहौल में भी प्रेम संबंध विकसित होते थे और विवाह की परिणति तक पहुँचते थे। उस समय प्रेम विवाह को एक असाधारण और दुर्लभ घटना की तरह देखा जाता था। लोग ऐसा करने वालों को घूर-घूर कर देखते थे। मुझे याद है मेरे पिताजी के एक मित्र के बेटे ने जब अपने मोहल्ले की एक पंजाबी लड़की से शादी की थी, तो काफी सनसनी फैली थी। वह लड़का जिधर भी जाता लोग उसे दिखाकर कहते – देखो यह वही है, जिसने लव मैरिज की है। लड़की को भी ऐसा ही कहते होंगे।

अंतर्जातीय विवाह करने वालों को लोग आश्चर्य से देखते थे और मन ही मन सोचते थे कि इनका दांपत्य जीवन सफल हो पायेगा कि नहीं। हालाँकि इस तरह के विवाह जब सामाजिक-राजनीतिक कार्यकर्ता और बुद्धिजीवी किया करते थे, तब लोग उतना चकित नहीं हुआ करते थे, लेकिन जब कोई सामान्य व्यक्ति ऐसा करता था, तो समाज उसे हैरत से देखता था। उस समय लड़का-लड़की साथ जा रहे होते, तो लोग घूम-घूमकर देखते थे। कुछ बदमाश टाइप के लड़के छींटाकशी करते, उन्हें परेशान करते। मतलब प्रेम करना वाकई कठिन रहा है। फिर भी प्रेमियों ने अपना रास्ता बनाया।

उन दिनों पटना में कुछ गिने-चुने लवर्स प्वाइंट थे। सबसे बड़ा था – संजय गांधी जैविक उद्यान। उसके बाद कुम्रहार था, जहाँ मौर्य और गुप्त काल के अवशेष मिले हैं। इन दोनों के परिसर में घूमने या घास पर बैठकर बात करने की सुविधा थी। पटना में और भी पार्क थे लेकिन वे सुरक्षित नहीं समझे जाते थे। पटना यूनिवर्सिटी लाइब्रेरी

भी एक प्वाइंट थी। बाद में पटना पुस्तक मेला बहुत बड़ा लवर्स प्वाइंट बना, अस्थायी रूप से ही सही। सिनेमा हॉल भी थे, पर वहाँ पकड़े जाने का डर सबसे ज़्यादा था। वैसे तो पूरे शहर में ही पकड़े जाने का डर था। असल में पटना जैसे शहर की मुश्किल यह थी कि वहाँ कब मोहल्ले के भइया, चाचा, चाची और आपके नज़दीकी रिश्तेदार प्रकट हो जायें, कहना मुश्किल है। और अगर मोहल्ले के किसी बच्चे ने भी देख लिया तो आपके घर सूचना पहुँचना निश्चित था। प्रेम को गोपनीय रखना एक चुनौती थी।

मैंने इस चुनौती का सामना एक नायाब तरीके से किया। एमए में मैं भी प्रेम में पड़ा। क्लास के दौरान तो मिलना संभव था, लेकिन उसके बाद क्या किया जाये। शहर में जहाँ निकलो, किसी न किसी के मिलने का ख़तरा था। तो एक रास्ता यह निकाला गया कि क्यों न हम अजनबियों की तरह सड़क पर चलें। हम एक-दूसरे से दूर-दूर चलते रहें। लोग थोड़े ही समझेंगे कि हम साथ हैं। हमलोगों ने शेयर ऑटो में घूमना शुरू किया। हम साथ बैठे रहते। दूसरी सवारियाँ भी रहतीं। मान लें कि कोई परिचित मिल भी गया तो उसे क्या पता कि हमलोग साथ हैं। वो तो हमें अलग-अलग सवारियाँ ही समझेगा। तो होता ये था कि हमलोग सबसे दूरी वाला ऑटो पकड़ते और अंत तक चले जाते। फिर वहाँ से लौटने वाला ऑटो पकड़ लेते। यह सिलसिला दिन भर चलता रहता। इस चक्कर में हमने पटना की अनेक सड़कें-गलियाँ छान मारीं। ऑटो के कई रूट जान गये। फिर हमने धर्मस्थलों को अपना ठिकाना बनाया। पटना के चर्चित हनुमान मंदिर के ऊपरी हिस्से में बाहर से आये बहुत सारे लोग भगवान का दर्शन करने के बाद आराम करते थे। हम लोग भी वहाँ जाकर बैठ जाते और बड़ी देर तक बैठे रहते थे। इसी तरह गुरुद्वारा में भी जाकर बैठे रहते।

एक बार हम दोनों दोपहर में गुरुद्वारा पहुँचे और वहाँ जाकर बैठ गये। तभी सामने बैठे लंबी सी दाढ़ी वाले ग्रंथी ने मुझे उँगली से उठने का इशारा किया। मैं घबरा गया। मुझे उस वक़्त अनहोनी का डर सताता रहता था। मैं डरते-डरते उठा। उन्होंने इशारे से कहा कि आप उधर बैठो। मतलब यह कि मैं पुरुषों वाले खंड में बैठूँ। दरअसल मैं महिलाओं के बीच बैठ गया था।

एक और वाकया हुआ जो बहुत दिलचस्प है। हम दोनों शेयर ऑटो से जा रहे थे। सारी सवारियाँ धीरे-धीरे उतर गयीं। सिर्फ़ हम दोनों रह गये। तभी एक सज्जन

चढ़े। फिर कुछ देर बाद अंतिम पड़ाव आ गया। हम तीनों उतरे। उस सज्जन ने तीन सवारियों के पैसे ऑटो वाले को पकड़ाये। मैंने तुरंत सफ़ाई दी, हमलोग साथ नहीं हैं। फिर उस सज्जन ने दो लोगों का किराया दिया और चले गये। मेरी प्रेमिका ने बताया कि वे उसके रिश्तेदार थे। मैं यही सोचता रहा कि आख़िर उन्होंने कैसे समझ लिया कि हमलोग साथ हैं, जबकि हमलोग आपस में बात भी नहीं कर रहे थे।

बहरहाल जब हमारी शादी हुई तो एक दिन पुस्तक मेले में मेरा एक पुराना मित्र मिला। उसके साथ एक और सज्जन थे। उस सज्जन से मेरा परिचय कराते हुए मित्र ने कहा – इनसे मिलो। ये हमारे मित्र हैं। इन्होंने बहुत बड़ा रिकॉर्ड बनाया है। मैं सोचने लगा कि आख़िर मैंने कौन सा रिकॉर्ड बनाया है। तभी मेरे मित्र ने उस सज्जन से कहा, इसने लव मैरिज की है।

उस समय किसी सामान्य आदमी का लव मैरिज करना रिकॉर्ड बनाने जैसा था।

पटना में पत्रकारिताः बोरी में वेतन

यूँ तो मैंने ग्रेजुएशन के बाद ही अख़बारों में फ्रीलांसिंग शुरू कर दी थी मगर अख़बारों में नौकरी की बाक़ायदा शुरुआत 1994 में धनबाद के *आवाज़* से हुई, जहाँ मैं प्रशिक्षु उप संपादक बनकर गया। लेकिन वहाँ मन नहीं लगा इसलिए एक ही महीना में पटना लौट आया। कुछ दिनों के बाद *पाटलिपुत्र टाइम्स* के फिर से निकलने की जानकारी मिली। इस बार इसे कांग्रेस के नेता भरत राय ने निकाला था। अगले साल विधानसभा चुनाव होने वाले थे और उनका मकसद चुनावी लाभ लेना रहा होगा। हालाँकि कहा यह गया कि अख़बार का चुनाव से कोई लेना-देना नहीं है। वैसे भरत राय चुनाव हार गये और कुछ ही दिनों के बाद अख़बार बंद कर दिया गया।

बहरहाल एक रोचक इंटरव्यू के बाद उसमें मेरी नियुक्ति हुई। मेरे ज़्यादातर सहकर्मी मेरे मित्र ही थे। उसके संपादक पहले मणिकांत ठाकुर बने, जिन्होंने एक दिन हमलोगों के साथ बैठक भी की लेकिन बाद में पता नहीं क्यों उन्होंने छोड़ दिया। फिर कुछ दिन हम सब संपादक विहीन रहे। फिर विजय भास्कर आये, जो पहले *नवभारत टाइम्स* में काम कर चुके थे।

हम सब नये थे, युवा थे, बहुत कुछ करना चाहते थे। अखबार भी नया था। हम

सबको मनमुताबिक काम मिला। मुझे संपादकीय लिखने से लेकर एक साझा कॉलम में लिखने का अवसर भी मिला। हमलोगों को जो सूझा, उस हिसाब से हमने ख़ूब प्रयोग किये। वह एक तरह से स्वप्रशिक्षण था। संपादक की ओर से काफ़ी छूट मिली हुई थी।

उन दिनों काम का ऐसा उत्साह था कि छुट्टी के दिन भी आकर काम करते थे। वह करीब सात-आठ महीने का समय बड़ा मज़ेदार रहा। इस दौरान कई नाटकीय घटनायें हुईं। कर्मचारियों के बीच मारपीट हुई, एक महिला पत्रकार गुम हो गयी बाद में अपने प्रेमी के साथ शादी करके लौटी।

अख़बार से जुड़ा एक प्रसंग बड़ा ही दिलचस्प है। एक बार हमलोगों को तनख़्वाह सिक्के में दी गयी। असल में *पाटलिपुत्र टाइम्स* के प्रेस में दूसरे छोटे अख़बार भी छपते थे जैसे *सांध्य टाइम्स*, जिसे जेवीजी निकालती थी। जेवीजी एक पैराबैंकिंग कंपनी थी, जिसके छोटे-छोटे बचतकर्ता थे। वे रोज़ अपनी बचत का कुछ पैसा जमा करते थे। आम तौर पर वे सिक्के जमा करते थे। इस तरह जेवीजी के पास सिक्कों का भंडार हो जाया करता था। एक बार जेवीजी ने *सांध्य टाइम्स* के प्रकाशन के शुल्क का भुगतान सिक्कों में किया। *पाटलिपुत्र टाइम्स* के व्यवस्थापक इतने सिक्के लेकर क्या करते। उन्होंने हमारा वेतन इन्हीं सिक्कों में देने का फ़ैसला किया।

उन दिनों मेरी तनख़्वाह पंद्रह सौ रुपये थी। इस तरह पंद्रह सौ सिक्के मिले। बल्कि इससे भी ज़्यादा ही रहे होंगे क्योंकि कुछ अठन्नी भी थी। वे पैसे एक छोटी सी बोरी में मिले। लेकिन हमारे कई वरिष्ठों की तनख़्वाह तीन से चार हज़ार के बीच थी। उन्हें कई बोरियाँ मिलीं। मैंने एक वरिष्ठ पत्रकार को देखा कि वे रिक्शे पर बोरियाँ लादकर ले जा रहे हैं। कोई स्कूटर पर ले गया। मैं भी साइकिल के पीछे रखकर अपना वेतन लाया।

मुझे कैशियर के कमरे का दृश्य भूलता नहीं। कैशियर बेचारा बीच में खड़ा था और चारों तरफ़ उसके घुटने भर सिक्के ही सिक्के पड़े थे। एक-दो कर्मचारी किनारे बैठकर सिक्के गिन रहे थे।

उन दिनों हमलोग जब भी चाय पीने या कुछ खाने जाते तो बिल का भुगतान सिक्कों में करते और एक-दूसरे को देखकर हँसते। कई दिनों तक हमारे बीच यही चर्चा रही कि हमारे सिक्के ख़त्म हुए या नहीं और हुए तो कैसे। किसी ने दूधवाले को दे दिया

तो किसी ने पास के किराने वाले के पास खपाया। *पाटलिपुत्र टाइम्स* की जब भी याद आती हैं, आँखों के सामने सिक्के चमक उठते हैं।

2. आवारा अफ़लातून

मेलजोल की माटी

पटना के लोगों का स्वभाव रहा है- मिल जुलकर रहना। शहर के जीवन में इतनी चीज़ें साझा रही हैं कि यहाँ लोग एक दूसरे से अलग रह ही नहीं सकते। यही वजह है कि पटना में नफ़रत और कटुता ज़्यादा देर टिक नहीं पाती। शुरू से ऐसा ही होता आया है। उर्दू के इतिहासकार सैयद बदरुल हसन ने अपनी किताब *यादगार-ए-रोज़गार* में विस्तार से बताया है कि अंग्रेजों के शासन के दौरान भी पटना में विभिन्न समुदायों के लोग आपस में मिल-जुल कर रहते थे। लोगों में इतनी परिपक्वता थी कि वे एक हिंदू और एक मुसलमान के झगड़े को दो समुदायों के बजाय दो व्यक्तियों के टकराव के रूप में देखें और उसे उसी तरह सुलझा लें। बदरुल हसन के मुताबिक हिंदू और मुसलमान एक-दूसरे के धार्मिक समारोहों, शादी-ब्याह आदि में बढ़-चढ़कर हिस्सा लेते थे। मुसलमानों में शिया और सुन्नियों के बीच भी काफी सद्भाव हुआ करता था।

पटना के पुराने मोहल्लों की बसावट को देखने से पता चलता है कि यहाँ हमेशा से ही विभिन्न समुदायों के लोग मिल-जुलकर रहते आये हैं। यहाँ एक ही सड़क में विभिन्न समुदायों के घर हैं। इसके अलावा कई जगहों पर सड़क के एक ओर हिंदू तो दूसरी ओर मुसलमान रहते हैं। पटना सिटी में हिंदू, मुसलमान और सिखों की मिश्रित आबादी है। आलमगंज, त्रिपोलिया और मीर शिकार टोली जैसे मोहल्ले में हिंदू-मुसलमानों के मिले-जुले घर मिलते हैं। त्रिपोलिया में कई ईसाई भी रहते हैं। पथरी घाट और बदर घाट में भी सभी समुदायों के साथ ईसाइयों के घर हैं।

पत्थर की मस्ज़िद इलाक़े में टेकारी रोड में हिंदू रहते हैं तो सामने के ईदगाह रोड में मुसलमान। इसी तरह चौधरी टोला में हिंदू रहते हैं तो उसके बराबर में खजूरबन्ना में मुस्लिम। सब्ज़ीबाग़ का भी यही हाल है। अगर इन समुदायों में अकसर कटुता या

तनाव की स्थिति पैदा होती तो इनके अलग-अलग इलाक़े बस गये होते।

भले ही पटना में अनेक धार्मिक केंद्र हों फिर भी इसकी एक विशिष्ट धार्मिक पहचान नहीं है। पटना स्थित पटन देवी मंदिर 51 शक्तिपीठों में शुमार होता है। ऐसी मान्यता है कि देवी सती की दाहिनी जाँघ यहीं गिरी थी इसलिए यह शक्तिपीठ पटन देवी मंदिर के रूप में जाना गया। पटन देवी के दो रूप हैं एक छोटी पटन देवी और दूसरी बड़ी पटन देवी। लेकिन पटना को सिर्फ़ शक्ति उपासक केंद्र के रूप में नहीं जाना जाता। यहाँ अनेक पूजा-पद्धतियाँ समान रूप से प्रचलित रही हैं। यहाँ शिवोपासना भी उतनी ही व्यापकता के साथ प्रचलित है। शिवरात्रि भी पटना का प्रमुख पर्व है। उसी तरह हनुमान की पूजा भी बड़े पैमाने पर प्रचलित है। पटना जंक्शन का हनुमान मंदिर तो पटना की एक पहचान ही है। छठ के मौके पर सूर्योपासना होती ही है। कहने का अर्थ यह है कि यहाँ हिंदू धर्म का कोई एक बड़ा प्रतीक कभी स्थापित नहीं हो पाया। जिस तरह बनारस शिव के लिए, अयोध्या राम के लिए और इलाहाबाद कुंभ के लिए जाना जाता है, उस तरह से पटना की कोई अलग पहचान नहीं है।

यही बात इस्लाम के संबंध में भी कही जा सकती है। यहाँ अनेक मस्जिदें और मज़ारे हैं, जहाँ श्रद्धालुओं की भीड़ तो आती है, फिर भी पटना कोई अजमेरशरीफ़ नहीं है कि लोग ज़ियारत के लिए उमड़ पड़ें। उस दृष्टि से सिखों का एक प्रमुख तीर्थ स्थल यह ज़रूर है। पटना सिखों के दसवें गुरु गोबिंद सिंह के जन्मस्थान तथा गुरु नानक देव के साथ ही गुरु तेगबहादुर सिंह की पवित्र यात्राओं से जुड़ा है। यह स्थान सिख धर्मावलंबियों के लिए बहुत पवित्र माना जाता है। सिखों के लिए तख़्त श्री हरमंदिर जी, पटना साहिब पाँच प्रमुख तख़्तों में से एक है। प्रकाशोत्सव के अवसर पर पर्यटकों की यहाँ भारी भीड़ उमड़ती है। पटना के अन्य समुदायों के लोग भी यहाँ आते हैं। बाहर से आने वाले अन्य समुदायों के लोग भी यहाँ आते हैं। लेकिन अमृतसर की तरह पटना की कोई सिख पहचान भी नहीं है। कोई एक पहचान न होना ही इसकी ताक़त है।

कुछ हिंदूवादी पाटलिपुत्र नाम को हिंदू पहचान से जोड़कर इस शहर का नाम पाटलिपुत्र करने के पक्षधर रहे हैं। पर सचाई है कि पाटलिपुत्र पर कभी एक धर्म का वर्चस्व रहा ही नहीं।

पटना के इतिहास को खंगालें तो यहाँ के शासक अलग-अलग मतों के मानने वाले रहे और उन्होंने कभी भी अपने मत को थोपने की कोशिश नहीं की। सच कहें तो पटना की ज़मीन पर कई मतों-आस्थाओं को जगह मिली। हर्यंक वंश को देखें तो बिम्बिसार जैन धर्म का उपासक था। अजातशत्रु के बारे में कहा जाता है कि वह जैन धर्म का अनुयायी था लेकिन बाद में उसने बौद्ध धर्म को समर्थन देना शुरू किया। नंद वंश के शासक भी जैन धर्म को मानते थे। जहाँ तक मौर्य वंश की बात है तो चंद्रगुप्त मौर्य ने जैन धर्म अपनाया था लेकिन अशोक ने बौद्ध धर्म। बाद में गुप्त काल में भागवत धर्म का महत्व बढ़ा लेकिन पाल वंश के राजाओं ने बौद्ध धर्म को बढ़ावा दिया। फिर इस्लाम आया। कई सूफी संत यहाँ आये। उन्होंने मुख्य शहर से दूर रहना पसंद किया। पटना के आसपास जैसे फुलवारीशरीफ़ और मनेर में रहकर उन्होंने प्रेम और भाईचारे की रोशनी फैलायी। फिर ईसाई आये। उन्होंने कई चर्च बनाये। तमाम मतों ने एक-दूसरे के साथ रहना सीखा। इस क्षेत्र में कभी कोई बड़ा धार्मिक संघर्ष नहीं हुआ।

विभिन्न समुदायों ने एक-दूसरे की बोलचाल और खानपान को अपनाया। लंबे समय तक भाषा को किसी मजहब से जोड़कर नहीं देखा गया। एक समय पटना अरबी-फ़ारसी का एक प्रमुख केंद्र था। राजा मोहन राय ने अरबी-फ़ारसी का अध्ययन पटना में ही किया था। उन्होंने छह महीने पटना सिटी के एक मदरसे (सैफ खाँ की मस्जिद, झाऊगंज) में पढ़ाई की। मुग़ल काल के बाद अंग्रेजों ने भी वर्षों तक फ़ारसी को ही कामकाज की भाषा बनाये रखा था। हिंदू-मुसलमान समान रूप से फ़ारसी सीखते थे। ऐसा नौकरी पाने के लिए ज़रूरी था। कई हिंदू फ़ारसी में कविताएँ लिखते थे। पटना के महाराजा खिताब राय के बेटे महाराजा कल्याण सिंह 'आशिक' जाने-माने शायर थे। राजा प्यारे लाल 'उल्फती' और उनके पोते कुमार सुखराज फ़ारसी और उर्दू के जाने-माने शायर और विद्वान थे।

इसलिए पटना में विभिन्न मतों का सह अस्तित्व देखने को मिलता है। लेकिन इसके साथ एक विरोधाभास भी है। जहाँ आस्थाओं को लेकर एक तरह की उदारता है, वहीं समाज में सामंती कठोरता भी दिखायी देती रही है। यहाँ ज़बरदस्त जातीय जकड़न और स्त्री को लेकर अनुदारता मौजूद रही है।

असल में कोई भी व्यवस्था, चाहे वह कितनी उदार क्यों न हो, एक समय के बाद जड़ होने लगती है। कई प्रतिगामी शक्तियाँ उसे कमज़ोर करने लगती हैं। ऐसे में उसके नवीकरण की ज़रूरत पड़ती है और यह आमतौर पर किसी बड़े सुधार आंदोलन के ज़रिए संभव होता है। बिहार में कोई बड़ा सुधार आंदोलन देखने में नहीं आया। यह देशव्यापी पुनर्जागरण आंदोलन से कितना प्रभावित हुआ, यह विचार करने की ज़रूरत है। किसी समाजशास्त्री को इसकी छानबीन करनी चाहिए कि धार्मिक सहिष्णुता और विभिन्न आस्थाओं का आदर करने वाले समाज के भीतर ही जनतंत्र इतना कमज़ोर क्यों रहा। इस पर आगे चर्चा होगी।

इंदिरा गांधी की हत्या

अगर सिख विरोधी दंगों को छोड़ दें तो 75 से 95 के बीच मैंने पटना में कोई बड़ा फ़साद नहीं देखा। और सिख विरोधी दंगे भी दो या तीन दिन से ज़्यादा नहीं चल पाये होंगे। इस बीच माहौल सुधारने और तनाव कम करने की एक साथ कई कोशिशें शुरू हो गयीं। इनमें से एक कोशिश का हिस्सा मैं भी था।

31 अक्टूबर 1984 को मैं दोपहर में अपने घर में आराम कर रहा था। दिल्ली में घटे हादसे से मैं पूरी तरह अनजान था क्योंकि मैंने रेडियो खोला ही नहीं था। चूँकि पिताजी गाँव गये हुए थे, तो किसी और को इसका ख़याल भी न रहा। तभी मेरे कॉलेज का दोस्त मनीष आया। हमलोग बातें करने लगे। उसी ने बताया कि इंदिरा गांधी को उनके बॉडीगार्ड ने गोली मार दी है।

वहाँ से हमलोग अपनी-अपनी साइकिल से अपने मित्र संतोष चंदन के घर आये। उसका घर चिड़ैयाटांड़ मोहल्ले के ख़ासमहल में है। हम तीनों कुछ देर बात करने के बाद बाहर निकले। जब कुछ दूर सड़क पर आये तो देखा कि काफी भीड़ लगी है। हम ठहर गये। फिर अगले ही पल भीड़ पीछे की तरफ़ भागने लगी। ऐसा लगा जैसे उन्हें दूसरी तरफ़ से पीछे खदेड़ा जा रहा हो। हमें कुछ समझ में नहीं आया कि ये हो क्या रहा है। हमने पता करने का प्रयास किया तो एक व्यक्ति ने बताया कि कुछ लोग सरदारों को खदेड़ रहे थे, तभी पुलिस आ गयी। हमारे लिए यह सब कुछ अजीब सा था।

हमारी उम्र ही क्या थी उन दिनों, यही चौदह-पंद्रह साल। हम सब इंटर में पटना कॉलेज में पढ़ते थे। इस तरह की कोई घटना हमने देखी नहीं थी। थोड़ी देर के लिए यह समझ में नहीं आया कि लोग किसी सिख को क्यों खदेड़ रहे हैं। यह समझने में थोड़ी देर लगी कि इंदिरा गांधी पर गोली उनके सिख बॉडीगार्ड ने चलायी थी।

हम सब तुरंत मेन रोड छोड़ गली में मुड़ गये। वे दोनों मेरे घर तक आये। तब तक अँधेरा होने को था। हमने रेडियो खोला। उसी समय इंदिरा गांधी की मौत का समाचार आया। हम सन्न रह गये। थोड़ी देर बाद हम तीनों फिर निकले। मनीष राजेंद्र नगर में रहता था। मैंने और संतोष ने उसे कुछ दूर तक छोड़ा और फिर लौट आये। लौटते ही एक जगह हमने फिर भीड़ देखी। मेरे घर से थोड़ा पहले ही एक गली में एक दुकान के बाहर भीड़ लगी थी। फिर अचानक भगदड़ सी मची। हम दूर खड़े थे। कुछ ख़ास दिखा नहीं। पर हमें इतना समझ में आ गया कि ये कोई छिटपुट घटनाएँ नहीं हैं। पूरे शहर या पूरे देश में कुछ ख़तरनाक हो रहा है। हम अपने-अपने घर लौट आये।

अगले दिन अख़बारों और रेडियो से समझ में आ गया कि देश भर में सिख विरोधी दंगा फैल चुका है। लेकिन पटना में अगले ही दिन कर्फ़्यू लगा दिया गया और लगभग 48 घंटे के भीतर शांति कायम हो गयी।

उन दिनों मैं और संतोष पटना प्रगतिशील लेखक संघ से जुड़े थे। अपूर्वानंद संभवतः उसके संयुक्त सचिव थे और वे काफी सक्रिय थे। हम सब *धारा* नामक पत्रिका निकालने की योजना बना रहे थे। कई चीज़ें तय हो गयी थीं लेकिन इस बीच यह हादसा हो जाने के बाद निर्णय हुआ कि पत्रिका दंगे पर ही केंद्रित की जाये। पटना में शांति तो हो गयी थी पर सिख समुदाय के भीतर गहरी असुरक्षा व्याप्त थी। हमने सोचा कि क्यों न सिख समुदाय के प्रमुख लोगों से बात कर उनकी राय प्रकाशित की जाये ताकि दूसरे लोग उनकी भावनाओं से अवगत हों।

उस समय प्रगतिशील लेखक संघ में युवाओं की एक टीम थी जिसमें मेरे और संतोष के अलावा शामिल थे – संजीव कुमार, आशुतोष कुमार (दोनों आज के जाने-माने आलोचक), अशोक कुमार और पूर्वा भारद्वाज। हम सबको शहर के सिख बुद्धिजीवियों से बात करने का जिम्मा सौंपा गया। इसी क्रम में हमें पता चला कि पटना में अनेक सिख ऐसे हैं जो प्रोफेसर, डॉक्टर और कलाकार हैं। हमें उनसे बात करनी थी।

उस समय तक हम सब अपने माँ-बाप के बनाये घेरे में रहते थे और समाज के बारे में बहुत कम जानते थे। इस पत्रिका के लिए सिख समुदाय से बात करना मेरे लिए अपने दायरे से निकलकर समाज को एक नयी दृष्टि से देखना था।

यह अंक साइक्लोस्टाइल पर छपा था और हमने इसे एक रुपया में बेचा था। यह एक पत्रिका निकालना भर नहीं था। यह एक कोशिश थी, माहौल बदलने की। यह एक कोशिश थी, उन समुदायों के बीच संवाद कायम करने की, जिनमें एक-दूसरे के प्रति नफ़रत भर गयी थी। यह घृणा को ख़त्म करने का एक छोटा और विनम्र प्रयास था।

ऐसे ही अनेक छोटे-छोटे प्रयत्नों से शहर की ज़िन्दगी फिर से पटरी पर लौटी। विभिन्न समुदायों का मनोमालिन्य घुलकर बह गया। प्रेमचंद के शब्दों में कहें तो दोस्ती की मुरझाई लता फिर से हरी हो गयी।

यह मेरे लिए एक प्रशिक्षण था। मैंने सीखा कि एक सचेत नागरिक होना क्या होता है। एक जागरूक नागरिक अपने शहर को किस तरह बचा सकता है। और यह भी कि संकट के दौर में एक लेखक-कलाकार, संस्कृतिकर्मी की भूमिका क्या है।

ऐसा अवसर फिर 1992 में आया, जब अयोध्या में बाबरी मस्जिद ढहायी गयी। देश के कई हिस्सों में दंगे भड़क गये। पटना में प्रशासन अपनी तरह से मुस्तैद था लेकिन पटना के लेखकों, रंगकर्मियों और बुद्धिजीवियों ने तय किया कि शहर में सांप्रदायिक सौहार्द बनाये रखने के लिए अपने स्तर पर प्रयास किये जायें। तय हुआ कि प्रभातफेरी की जाये। हमलोग तुलसीदास, नज़ीर अकबराबादी, गुरु नानक, शैलेंद्र और फ़ैज़ की रचनायें गाते हुए शहर की सड़कों से गुजरते। बीच-बीच में मुस्लिम इलाक़ों में रुककर अपनी बात कहते। मैं और राणा बनर्जी भाषण देते थे। हम बाबरी मस्जिद को गिराये जाने की निंदा करते, सांप्रदायिक ताक़तों पर कड़ा प्रहार करते और यह विश्वास व्यक्त करते कि देश में धर्मनिरपेक्षता की धारा मज़बूत रहेगी। लोग पहले हमें कुतूहल से देखते फिर हमारी बात सुनने के लिए रुक जाते।

उन दिनों में एमए की पढ़ाई कर रहा था। मैं सुबह-सुबह ही किताब-कॉपी, दिन के लिए टिफिन और पानी झोला में लेकर घर से निकल जाता। पहले प्रभातफेरी में शामिल होता फिर क्लास करने जाता। यह सब करते हुए मैं एक अजीब जोश से भरा रहता था। एक अद्भुत उत्साह और उमंग रहती थी मन में। भविष्य के बारे में तब मैं नहीं

सोचता था। दरअसल यह सब कुछ ऐसे लोग कर रहे थे, जिनसे मैं बहुत प्रभावित था।

शहर के सांस्कृतिक योद्धा

जब पहली बार ये लोग मिले थे, तो इन्हें देखकर मैं सबसे पहले चौंका कि ऐसे लोग भी होते हैं। फिर लगा कि मुझे भी ऐसा ही होना है। मैंने इनके जैसा बनने की कोशिश की। ये लोग कला-साहित्य से जुड़े लोग थे, जिन्होंने जनतांत्रिकता और धर्मनिरपेक्षता जैसे मूल्यों के लिए अपने जीवन के एक बड़े हिस्से को खपा दिया। इन्होंने एक अलग तरह की सामाजिकता और पारिवारिकता स्थापित करने की कोशिश की। इनके ज़रिए मैंने जीवन को देखने की एक नयी दृष्टि प्राप्त की, जो उस नज़रिये से अलग थी, जो मुझे विरासत में मिली थी। मैं अगर इनसे न मिला होता तो शायद अलग तरह का मनुष्य होता। मैंने इन्हें सांस्कृतिक योद्धा के रूप में देखा। ये लोग दरअसल उस अग्रगामी सोच की उपज थे, जिसकी जड़ें पटना के समाज में शुरू से ही मज़बूत रही हैं।

मैंने जब होश सँभाला, तब वामपंथी राजनीति की एक धारा से प्रेरित-प्रभावित युवा संस्कृतिकर्मियों का एक समूह परिदृश्य पर छाया हुआ था। इनमें प्रमुख थे – अपूर्वानंद, तनवीर अख़्तर, निवेदिता झा, जावेद अख़्तर ख़ाँ आदि। इन लोगों को देखकर मैं इसलिए चौंका क्योंकि ये अपनी उम्र के और लोगों से बिल्कुल अलग थे। इनका व्यवहार अलग था, इनकी दिनचर्या अलग थी, इनके सपने अलग थे। इनसे मिलकर लगा कि जीवन के मानी कुछ और भी हो सकते हैं। एक वैकल्पिक जीवन-पद्धति भी हो सकती है।

अब तक मेरे सामाजिक परिवेश में मुझे यही सिखाया गया था कि मुझे एक अच्छा विद्यार्थी बनना है मतलब ज़्यादा से ज़्यादा अंक लाना है और फिर किसी प्रतियोगिता परीक्षा में सफल होकर एक अच्छी नौकरी हासिल करनी है। लेकिन इन सांस्कृतिक योद्धाओं से मिलकर मेरे जीवन की दिशा बदल गयी। मेरे घर के लोग कहते भी हैं कि इन्हीं लोगों ने मुझे बर्बाद कर दिया।

उन दिनों इंटर की पढ़ाई भी कॉलेज में हुआ करती थी। 1984 में मेरा दाख़िला इंटर में पटना कॉलेज में हुआ था। कॉलेज के नये विद्यार्थियों के लिए ऑल इंडिया

स्टूडेंट्स फेडरेशन (एआईएसएफ) ने स्वागत समारोह आयोजित किया था। इस अवसर पर एक वाद-विवाद प्रतियोगिता का आयोजन किया गया था, जिसमें मुझे द्वितीय पुरस्कार मिला था। उसी दिन मैंने अपूर्वानंद, निवेदिता झा और तनवीर अख़्तर को देखा था। अपूर्वानंद और निवेदिता एआईएसएफ से जुड़े थे, जबकि तनवीर पटना इप्टा की टीम लेकर आये थे। इप्टा ने इस अवसर पर नुक्कड़ नाटक 'समरथ को नहीं दोष गुसाईं' का प्रदर्शन कॉलेज के मैदान में किया था। यह सब देखकर मैं चमत्कृत था। यह मेरे जीवन में एक नये मौसम का आना था। अब तक मैं पिता की छत्रछाया में जिस दुनिया को देख रहा था, वह एक अलग दुनिया थी। लेकिन अब एक नया संसार मेरे सामने था। मेरे लिए एक नया आकाश खुल रहा था, जिसमें मैं पूरे पंख खोलकर उड़ान भरने को उत्सुक था।

अपूर्वानंद ने इस अवसर पर जो भाषण दिया था, वह कई दिनों तक मेरे भीतर गूँजता रहा। निवेदिता झा को देखना भी मेरे लिए एक नया अनुभव था। मैंने अभी तक एक छोटे और बंद समाज को देखा था, जहाँ लड़कियों का व्यक्तित्व एक ख़ास साँचे में ढला हुआ होता था। पर ढेरों लड़कों के बीच निवेदिता झा का तनकर पूरे आत्मविश्वास के साथ चलना-बोलना और दृढ़ता के साथ अपने संगठन के लोगों का नेतृत्व करना मुझे उस समय विलक्षण लगा।

इसी तरह तनवीर अख़्तर के पीछे-पीछे जिस तरह नाट्यदल के लोग चल रहे थे, उनके निर्देशों का पालन कर रहे थे, इससे मेरे मन में उनके लिए एक ख़ास तरह की श्रद्धा पैदा हुई। मुझे उस दिन यह नहीं लगा था कि इन लोगों से आगे भी मुलाक़ातें होंगी और एक रिश्ता बनेगा, लेकिन जल्दी ही मैं उन लोगों के करीब पहुँच गया। असल में पटना कॉलेज के ठीक सामने की एक दुकान 'पीपल्स बुक्स हाउस' में इन सबका अड्डा था। यहाँ एआईएसएफ, इप्टा और प्रगतिशील लेखक संघ के लोग नियमित रूप से मिलते थे। ये सब बिरादराना संगठन थे और एक-दूसरे के साथ मिलकर काम करते थे। अपूर्वानंद इन तीनों में ही सक्रिय थे। सच तो यह था कि इनसे जुड़े सभी लोग बहुआयामी प्रतिभा के हैं। अपूर्वानंद छात्र नेता और लेखक भी हैं, निवेदिता झा छात्र नेता, कवयित्री और अभिनेत्री हैं, तनवीर अख़्तर अभिनेता-निर्देशक और संगठनकर्ता हैं, जावेद अख़्तर ख़ाँ अभिनेता और लेखक हैं। लेकिन इन

सबके साथ ये लोग उन दिनों राजनीतिक कार्यकर्ता भी थे।

सीपीआई के कार्यक्रम हों या प्रगतिशील लेखक संघ या इप्टा के कार्यक्रम, ये उनमें बढ़-चढ़कर भाग लेते थे। कई राजनीतिक सवालों पर ये सक्रिय दिखते थे। ये लोग जुलूस निकालते, गीत गाते, चंदा माँगते, निमंत्रण पत्र बाँटते और किसी गोष्ठी में बोलते दिखायी देते थे। ज़रूरी सामाजिक-राजनीतिक सवालों पर ये तत्काल सक्रिय होते। तनवीर अख़्तर तो आँधी-पानी की तरह आते और चले जाते। पता चलता कि अभी नाटक के रिहर्सल से आ रहे हैं और कलाकारों की मीटिंग में जाना है। या मीटिंग से आ रहे हैं और चंदा काटने जाना है या जुलूस निकालना है। उनकी ऊर्जा देखकर मैं हैरान रह जाता। कोई भी मुद्दा उन लोगों को छूता तो वे तत्काल उस पर प्रतिक्रिया जताते।

इन लोगों के साथ और भी कई लोग थे जो कलाकार-लेखक थे लेकिन राजनीतिक सवालों पर सचेत और सक्रिय थे, जैसे परवेज अख़्तर, पूर्वा भारद्वाज, श्रीकांत किशोर, विनोद कुमार, अरुण प्रियदर्शी, अशोक सिन्हा, प्रो. संतोष कुमार, भारती एस. कुमार और राणा बनर्जी। और भी कई लोग थे।

यह सिर्फ़ एक रंगशाला की मुक्ति नहीं थी

बिहार के सांस्कृतिक आंदोलनों में प्रेमचंद रंगशाला से सीआरपीएफ को हटाने का आंदोलन बेहद महत्त्वपूर्ण था, जिसने राज्य और देश के सांस्कृतिक-राजनीतिक परिदृश्य पर गहरा प्रभाव डाला। इस आंदोलन के पक्ष में देश भर के साहित्यकार, कलाकार व वामपंथी छात्र संगठन एक साथ आये।

प्रेमचंद रंगशाला 1971 में बनकर तैयार हुई। कहा जाता है कि इसकी परिकल्पना प्रख्यात नाटककार और बिहार सरकार में उच्च पदाधिकारी जगदीश चंद्र माथुर की थी। इसका नाम प्रेमचंद रंगशाला कैसे पड़ा, इसका एक रोचक किस्सा है। रंगशाला के निकट के चौराहे पर प्रेमचंद की प्रतिमा के अनावरण समारोह में संयोग से मैं भी मौजूद था। उस समय मैं स्कूल में पढ़ता था और मेरे पिताजी मुझे लेकर यह आयोजन दिखाने आये थे।

महादेवी वर्मा ने मूर्ति का अनावरण किया था। इस अवसर पर अमृत राय

भी मौजूद थे और राज्य के मुख्यमंत्री डॉ. जगन्नाथ मिश्रा भी आये थे। समारोह का संचालन करने के क्रम में साहित्यकार रमण ने कहा कि क्यों न इस रंगशाला का नाम प्रेमचंद रंगशाला कर दिया जाये। उसके बाद जगन्नाथ मिश्र ने अपने भाषण में घोषणा कर दी कि इसका नाम प्रेमचंद रंगशाला होगा। इस पर ख़ूब तालियाँ बजीं।

पहली बार बिहार में एक बेहतरीन साधनसंपन्न रंगशाला का निर्माण हुआ, जिसमें हर तरह की मंचीय प्रस्तुति संभव थी। उसमें कुछ कार्यक्रम भी हुए। लेकिन रंगशाला बनने के फ़ौरन बाद यानी 1971-72 में इसके पहले कार्यक्रम में ही किसी अव्यवस्था के चलते भड़क उठे लोगों ने इसमें आग लगा दी। इसे ठीक करके नाटक के लिए तैयार करने के बजाय इसे अपने हाल पर छोड़ दिया गया। यह बेकार पड़ी रही। लेकिन जब 1974 के छात्र आंदोलन का सामना करने के लिए बिहार सरकार ने अर्ध-सैन्यबल (सीआरपीएफ) बुलाया तो उसे रखने के लिए सरकार को बेकार पड़ी रंगशाला बेहतर जगह लगी। इस पर आपत्ति भी कौन करता! आपातकाल लगा दिया गया था और तब संघर्ष के दूसरे ज़्यादा बड़े मसले सामने थे। उसके बाद चुनाव हुए और इंदिरा गांधी को जनता ने सत्ता से बेदख़ल भी कर दिया। जो जनता पार्टी सत्ता में आयी, वह भी इसे लेकर उदासीन ही रही। उसे भी इससे कोई फ़र्क़ नहीं पड़ता था कि रंगशाला में सीआरपीएफ है। यही हाल समाज का भी था। उसने भी इस बात को नहीं समझा।

रंगशाला की हालत ख़राब थी। मंच को जवानों ने अपना रसोईघर बना लिया था। पर्दे फटे पड़े थे। करोड़ों की लागत से बनी रंगशाला सीआरपीएफ के खाना बनाने और रहने में इस्तेमाल हो रही थी। उसी दौरान कुछ नौजवानों ने सवाल उठाया कि रंगशाला में सीआरपीएफ क्यों है? धीरे-धीरे तमाम रंगकर्मियों, साहित्यकारों, पत्रकारों और अन्य बौद्धिकों का ध्यान इस ओर गया और उन्हें यह महसूस हुआ कि यह एक बड़ा मुद्दा है। संयोग से उसी समय प्रेस बिल के विरोध में तमाम संस्कृतिकर्मी एकजुट हो रहे थे और अब रंगशाला की मुक्ति का मुद्दा भी इसके साथ जुड़ गया।

वाकई उस समय किसी ने नहीं सोचा था कि प्रेस की आज़ादी का मसला प्रेमचंद रंगशाला के भुला दिये गये मुद्दे को सतह पर ले आयेगा। 1982 में जगन्नाथ मिश्र सरकार ने प्रेस विधेयक लागू करने की घोषणा की। यह भी एक विडंबना ही थी कि

प्रेमचंद के जन्मदिवस 31 जुलाई (1982) को बिहार विधानसभा ने सिर्फ़ पाँच मिनट में एक ऐसा अधिनियम पारित कर दिया जो प्रेस को पंगु बना सकता था।

इसके अनुसार 'अशोभन और अश्लील और ईश-निंदा करने वाले या ब्लैकमेल के इरादे से' किये गये किसी भी प्रकाशन पर कार्रवाई की जा सकती थी। इसे एक गैर-ज़मानती अपराध बना दिया गया था और इस पर कार्रवाई करने का अधिकार न्यायिक मजिस्ट्रेट की जगह अधिशासी मजिस्ट्रेट को दे दिया गया था। फ़ौरन ही बिहार समेत पूरे देश में इसके विरुद्ध तीव्र प्रतिक्रिया हुई। ट्रेड यूनियन, छात्र-युवा संगठन और ग़ैर-कांग्रेसी राजनीतिक दल इसके विरुद्ध संगठित हो गये और तीन सितंबर, 1982 को देशव्यापी हड़ताल सफलतापूर्वक आयोजित की गयी।

प्रेस विधेयक ऊपरी तौर पर प्रेस का मामला था लेकिन आपातकाल से निकले अभी ज़्यादा दिन नहीं हुए थे और जनता किसी भी तरह अपनी नयी हासिल की गयी अभिव्यक्ति की स्वतंत्रता को गँवाने के मूड में नहीं थी। इसलिए पत्रकारों के साथ हर तबक़ा इसके ख़िलाफ़ मैदान में कूद पड़ा। इसी राजनीतिक सरगर्मी के बीच पटना के कुछ युवा रंगकर्मियों ने तय किया कि अगर प्रेमचंद रंगशाला को व्यापक मुद्दा बनाना है तो इसे अभिव्यक्ति की सिकुड़ती जगह के एक प्रमाण के तौर पर प्रस्तुत करना होगा। 1982 के अंतिम महीनों में राजकीय युवा महोत्सव को ऐसे अवसर के रूप में देखा गया, जहाँ इस बात को जोरदार ढंग से उठाया जा सकता था।

पहली कार्रवाई इस तरह प्रेस विधेयक के विरोध और प्रेमचंद रंगशाला से सीआरपीएफ को हटाने की माँगों को साथ-साथ रख कर की गयी।

बिहार भर के कलाकार एस. के. मेमोरियल हॉल में जमा हुए थे। युवा महोत्सव का आयोजन किया गया था। प्रेमचंद रंगशाला को मुक्त कराने और अन्य सांस्कृतिक सवालों पर संघर्ष के लिए गठित 'कलाकार संघर्ष समिति' ने तय किया था कि जब तक प्रेमचंद रंगशाला खाली नहीं होती कोई भी सरकारी आयोजन नहीं होने देंगे। अनेक रंगकर्मियों ने पुरस्कार वितरण का बहिष्कार किया। पर्चा बाँटा गया जिसमें यह स्पष्ट किया गया था कि इसका क्यों बहिष्कार किया जा रहा है। बहिष्कार के आरोप में जावेद अख़्तर, अशोक आदित्य, पुष्पेन्द्र, राणा बनर्जी आदि गिरफ़्तार कर लिये गये। जावेद उन दिनों बीएन कॉलेज के छात्र थे। उनकी गिरफ़्तारी से हंगामा हो गया।

बीएन कॉलेज के छात्रों को इस बात से धक्का लगा कि उनके कॉलेज के एक छात्र को पुलिस ले गयी। छात्रों ने ख़ुद उस आयोजन का बहिष्कार कर दिया और प्रशासन को चेतावनी दी कि गिरफ़्तार किये गये छात्रों को छोड़ दिया जाये। प्रशासन पर छात्रों का इतना दबाव पड़ा कि 24 घंटे के अंदर सभी छात्र रिहा कर दिये गये।

प्रेस विधेयक वापस ले लिया गया और इस तरह पहली जीत के बाद प्रेमचंद रंगशाला का मुद्दा, जो कलाकारों के आंदोलन में दूसरे नंबर पर था, पहले नंबर पर आ गया। 1982 से शुरू हुआ यह संघर्ष 1987 में प्रेमचंद रंगशाला के खाली होने तक चला। यह लड़ाई लंबी चली क्योंकि लोगों को यह समझाना आसान नहीं था कि शहर में सभागृहों का न होना या रंगशाला का बंद रहना क्यों महत्त्व का मुद्दा है। राजनीतिक दलों की इसमें थोड़ी भी दिलचस्पी नहीं थी। प्रेस एकदम उदासीन था।

प्रेमचंद रंगशाला को सीआरपीएफ के क़ब्ज़े से मुक्त कराने का आंदोलन कई मायनों में दिलचस्प था। एक तो इसके नेतृत्व की औसत उम्र बीस-इक्कीस साल की थी। दूसरे कि अलग-अलग काम करने वाले रंग-समूहों का किसी एक मसले पर साथ काम करना इतना आसान नहीं था। इसके नेतृत्व में इप्टा के लोग ज़रूर थे, लेकिन उनमें इतनी समझदारी थी कि वे ख़ुद को ही आगे न रखें। उस समय पटना में सक्रिय संस्थाओं में सर्जना, नवजनवादी सांस्कृतिक मोर्चा, जनवादी कला-विचार मंच आदि ने इस आंदोलन की शुरुआत की और जल्दी ही पैंतीस से ऊपर रंगकर्मियों और लेखकों-कलाकारों की संस्थाएँ इस मंच पर इकट्ठा हो गयीं। इसके साथ छात्र संगठन भी शरीक हो गये।

इस आंदोलन में कई पड़ाव आये। कई बार ऐसा लगा कि यह अब आगे नहीं चल पायेगा लेकिन तभी कुछ ऐसा होता था कि इसमें गति आ जाती थी। इस आंदोलन के लिए कई तरह की रणनीतियाँ अपनायी गयीं। कलाकारों और वरिष्ठ लेखकों ने पुलिस की लाठियाँ भी खायीं। रंगशाला को खाली कराने के लिए निकले कलाकारों-लेखकों के जुलूस पर पुलिस लाठीचार्ज का वर्णन निवेदिता झा ने इन शब्दों में किया हैः

'हम सब ने तय किया कि प्रेमचंद जयंती के मौके पर रंगशाला के मसले पर प्रदर्शन होगा। बिहार के सभी प्रमुख साहित्यकारों से अपील की गयी। डॉ. ए. के. सेन ने झंडी दिखाकर हमारे जुलूस को रवाना किया। नागार्जुन जुलूस का नेतृत्व कर रहे

थे। सैकड़ों नौजवानों ने लाल, पीली और सफेद झंडियाँ लहरायीं। बड़े-बड़े कैनवास पर यह लिखा हुआ था कि प्रेमचंद रंगशाला मुक्त करो। जिन शायरों और अदीबों ने अभिव्यक्ति की स्वतंत्रता पर लिखा था, उनके लिखे शब्द जुलूस में झिलमिला रहे थे। जुलूस शान्ति से आगे बढ़ रहा था। आगे-आगे बाबा नागार्जुन, कविवर कन्हैया जी चल रहे थे। पुलिस ने चारों ओर से हमें घेर लिया। हम बढ़ते जा रहे थे। हम सब ने कहा कि आज प्रेमचंद रंगशाला को खाली कराए बग़ैर पीछे नहीं हटेंगे। आर.ब्लॉक चौराहे पर जुलूस रोक दिया गया। कन्हैया जी, बाबा नागार्जुन समेत सभी वरिष्ठ रंगकर्मी और साहित्यकार ज़मीन पर बैठ गये। सिर के उपर आसमान दहक रहा था। पुलिस का एक बड़ा जत्था सामने आया। उसने चेतावनी दी, "आप सब ये जगह खाली कर दें। नहीं तो हमें मजबूर होना होगा।" हमलोग डटे रहे। सबने एक दूसरे का हाथ थामा। और हम आगे बढ़ने लगे। अचानक पुलिस की लाठियां बरसने लगी। लोग डटे रहे। कन्हैया जी के सिर पर लाठी पड़ी खून की धार बह गयी। पुलिस ने सबको खदेड़-खदेड़ कर पीटा। हम खड़े रहे। एक दूसरे की बांह को कस कर थामे हुए। हमारी आवाज गीली थी, होठों पर लब्ज सूखे नहीं थे। हमलोगों ने चीखकर कहा – संस्कृतिकर्मियों पर फौजदारियां करने वालों और गोलियों चलाने वालों से कह दो कि दुनिया में वह गोली कहीं नहीं बनी है, जो सच को लगे। शाम हो गयी थी। कन्हैया जी को काफी चोट आयी थी। लहू उनके कंधों तक बहकर सूख चुका था। बाबा को भी गहरी चोट लगी थी। कई साथी बुरी तरह घायल हुए।'

कलाकार संघर्ष समिति ने 1985 में एक बड़ा दाँव चला। कई लोगों ने इसे दुस्साहस कहा पर यह अद्भुत रूप से सफल रहा। समिति ने तय किया कि वह सरकारी युवा महोत्सव के समानांतर युवा महोत्सव का आयोजन करेगी। और प्रेमचंद युवा महोत्सव के आयोजन का फ़ैसला किया गया। आयोजन के लिए पांच संयोजक रखे गये – अपूर्वानंद, जावेद अख्तर खाँ, पुष्पेन्द्र, प्रो. संतोष कुमार और कुमार ध्रुव। इतने बड़े आयोजन के लिए कोई साधन नहीं था। कलाकारों ने चंदा जमा करने के कई तरीके ईजाद किए, जिसमें सड़कों पर गाते हुए चंदा माँगना शामिल था।

उन्हीं दिनों पटना इप्टा की टीम गुवाहाटी गयी थी। वहाँ इप्टा के कलाकारों की मुलाक़ात ब. व. कारंत से हुई। परवेज अख़्तर ने विस्तार से कारंत को बिहार में चल

रहे आंदोलन की जानकारी दी। उसी के कुछ दिन बाद साहित्यिक पत्रिका 'नटरंग' में ब. व. कारंत का साक्षात्कार छपा जिसमें उन्होंने कहा – 'मुझे शर्म आती है कि मैं एक ऐसे देश में रहता हूँ जहाँ रंगशाला में सीआरपीएफ का क़ब्ज़ा है।'

1987 में केंद्रीय संगीत नाटक अकादमी ने बिहार में राष्ट्रीय नाट्य महोत्सव का आयोजन किया, जिसमें देश के सभी वरिष्ठ संस्कृतिकर्मी शामिल थे जैसे ब. व कारंत, रतन थियम, प्रतिभा अग्रवाल, कुमार राय और नेमिचंद्र जैन। कार्यक्रम के पहले ही दिन कलाकार संघर्ष समिति के कई सदस्य एक बड़ा बैनर लेकर मंच पर पहुँच गये, जिस पर कारंत का यह बयान लिखा था – 'मुझे शर्म आती है कि मैं एक ऐसे देश में रहता हूँ, जहाँ रंगशाला में सीआरपीएफ का क़ब्ज़ा है'। इस तरह आंदोलनकारियों ने उद्घाटन के मंच पर 'क़ब्ज़ा' करके संपूर्ण भारतीय रंग-संसार से प्रेमचंद रंगशाला के उद्धार में हाथ बढ़ाने की अपील की। अगले दिन *टाइम्स ऑव इंडिया* ने इस खबर को लीड बनाया और लिखा – 'ए टाइम टू प्रोटेस्ट'।

उस दिन नेमिचंद्र जैन, कारंत, कुमार राय, देवाशीष मजूमदार के नेतृत्व में बड़ा प्रदर्शन हुआ और फिर ये सब तत्कालीन मुख्यमंत्री बिंदेश्वरी दुबे से मिलने गये। महोत्सव के ख़त्म होने के दिन ही मुख्यमंत्री ने रंगशाला से सीआरपीएफ को हटा लेने की घोषणा की। यह एक बड़ी जीत थी, लेकिन रंगशाला को मुक्त कराकर ही शहर के सांस्कृतिक योद्धा शांत नहीं बैठ गये। सचाई यह है कि रंगशाला की मुक्ति की लड़ाई उन्हें अभिव्यक्ति की स्वतंत्रता के साथ-साथ सामाजिक न्याय, संवैधानिक मूल्यों की प्रतिष्ठा तथा सौहार्दपूर्ण-वैज्ञानिक समाज की स्थापना के संघर्ष के लिए भी प्रेरित-प्रशिक्षित कर रही थी।

यह वह दौर था, जब देश में सांप्रदायिक ताक़तें अपने विभिन्न प्रयोगों के साथ मुखर हो रही थीं। उन्होंने समाज में भय और अस्थिरता का माहौल पैदा कर दिया था। इसके अलावा देश के कुछ हिस्सों में अलगाववादी ताकतें भी सक्रिय थीं। पटना के सांस्कृतिक योद्धाओं ने इनके ख़िलाफ़ अपने तरीके से मोर्चा संभाला। उन्हीं दिनों पटना के पुराने इलाक़े पटना सिटी में दंगा फैलाने की साज़िश रची गयी थी। कलाकारों ने तुरंत वहाँ जाकर लोगों के बीच विश्वास बहाल करने की कोशिश की। उन्होंने प्रभात फेरियाँ निकालीं, जिनमें कलाकार सौहार्द और एकता के गीत गाते हुए विभिन्न गलियों से गुज़रे।

उसी समय सांप्रदायिकता के ख़िलाफ़ करीब 15 किलोमीटर की मानव श्रृंखला बनायी गयी, जो गांधी मैदान से शुरू होकर तख़्त श्री हरिमंदिर साहिब में जाकर समाप्त होती थी। उन्हीं दिनों कलाकारों ने 1857 तथा राष्ट्रीय स्वतंत्रता आंदोलनों के नायकों की तस्वीरों के साथ प्रदर्शन किये। कलाकारों ने महसूस किया कि आयोजनों को एक राष्ट्रीय स्वरूप देना ज़रूरी है क्योंकि चुनौती पूरे देश के सामने है। वर्ष 1987 में ही संप्रदायवाद और अलगाववाद के ख़िलाफ़ एक राष्ट्रीय कन्वेंशन हुआ। देश भर से कलाकार आये थे। गांधी मैदान में उनकी रैली हुई थी। इसमें ए.के. हंगल, दीना पाठक और भीष्म साहनी भी शामिल हुए थे।

उसके बाद 'भारतीय सांस्कृतिक आंदोलन' नामक संस्था का गठन हुआ, जिसमें शहर की तमाम बौद्धिक-सांस्कृतिक धाराओं को समेटने की कोशिश हुई। इसका मकसद धर्मनिरपेक्षता और वैज्ञानिकता पर केंद्रित विमर्श को बढ़ावा देना था। इसकी ओर से राहुल सांकृत्यायन पर एक राष्ट्रीय सेमिनार पटना में हुआ था, जिसमें गुणाकर मुले, राजकिशोर, मैनेजर पांडेय और रामशरण शर्मा जैसे लोगों ने शिरकत की थी। सांप्रदायिकता के विरुद्ध लगातार आयोजन होते रहे। 1992 में बाबरी मस्जिद गिराये जाने के बाद प्रभातफेरियों का दौर चला जिसकी चर्चा मैंने पहले की है, लेकिन कोई बड़ा आयोजन फिर नहीं हो सका। धीरे-धीरे ये गतिविधियाँ शिथिल पड़ गयीं। सही मायने में देखा जाये तो 87-88 में चरम पर पहुँकर 90 आते-आते इन संस्कृतिकर्मियों की सक्रियता कम होने लगी थी। इनमें थकान नज़र आने लगी थी।

हम देखते हैं कि 1974 से 1990 तक का दौर हलचलों से भरा रहा। इस दौरान सांस्कृतिक योद्धाओं की एक पीढ़ी पूरी ऊर्जा के साथ मैदान में डटी रही। यह एक ख़ास तरह का संघर्ष था, जिसने पटना को एक नये तरीके से गढ़ा। इसने शहर को एक अलग तेवर दिया। यह उसी संघर्ष की देन है कि पूरे देश में सांप्रदायिक अजेंडा लागू होने के बाद भी पटना में सांप्रदायिक ताक़तें अपने मंसूबे में कामयाब नहीं हो पाती हैं। राज्य की सत्ता में आ जाने के बावजूद वे मनमानी नहीं कर पाती हैं। अगर ऐसी ताकतें सिर उठायेंगी भी तो हर गली-मोहल्ले से लोग सौहार्द और सद्भाव का झंडा लेकर उठ खड़े होंगे।

असल में संपूर्ण क्रांति ने संघर्ष की ज़मीन तैयार की थी। बदलाव के स्वप्न लिये

आये अनेक युवाओं ने प्रतिरोध की एक चेतना पैदा की। बाद में ऐसी ही चेतना के साथ वामपंथी मैदान में उतरे। इस तरह समाजवादियों-वामपंथियों ने 74-90 के दौर में धर्मनिरपेक्ष, विवेकपूर्ण और वैज्ञानिक समाज के विमर्श को आगे बढ़ाया।

यह दौर वामपंथी राजनीति के उभार का भी दौर है। पश्चिम बंगाल, केरल और त्रिपुरा में सत्ता पाने के अलावा बिहार में भी लेफ्ट पार्टियों की स्थिति काफी अच्छी रही। केंद्र की राजनीति पर वामपंथ का प्रभाव रहा। इसका लाभ वामपंथी धारा से जुड़े सांस्कृतिक संगठनों को भी मिलता रहा। नब्बे के बाद भी वामपंथी दलों का प्रभाव राष्ट्रीय राजनीति में काफी दिनों तक बना रहा पर उनकी चमक फीकी पड़नी शुरू हुई और उनका ज़मीनी प्रभाव कम पड़ने लगा। जनसंघर्षों से उनका नाता टूटने लगा। बिहार में समाजवादी सत्ता में आ गये। अनेक वामपंथी भी इस सत्ता के साथ प्रत्यक्ष या परोक्ष रूप से जुड़े। इन सबका सांस्कृतिक संघर्ष पर असर पड़ा और नब्बे के बाद के वर्षों में संस्कृतिकर्मियों में दुविधा की स्थिति देखी गयी। 94-95 तक आते-आते उनमें ठहराव आ गया।

हर पीढ़ी की संघर्ष क्षमता सीमित होती है। संगठनों की भी अपनी सीमाएँ होती हैं। हरेक सदस्य की प्रतिबद्धता एक जैसी नहीं होती। सबके निजी जीवन की अलग-अलग परेशानियाँ होती हैं। इसलिए एक समय के बाद संगठन बिखरने लगते हैं। कलाकार संघर्ष समिति के लोगों ने अपने सामर्थ्य के मुताबिक अपना काम किया। जितना हो सके काम करते रहे। उन्होंने साबित किया कि प्रतिबद्धता सिर्फ़ एक बौद्धिक अवधारणा नहीं है। एक प्रतिबद्ध कलाकार को अपनी कला के प्रदर्शन के साथ-साथ कला और समाज के लिए सड़क पर उतरकर लड़ना भी पड़ता है। वे हारे या जीते यह महत्त्वपूर्ण नहीं है, अहम बात यह है कि उन्होंने एक रोशनी दिखायी, जिसमें उनके बाद भी सांस्कृतिक योद्धाओं की नयी पीढ़ी ने एक रास्ता बनाया।

संघर्ष के अन्य मोर्चे

साहित्य-संस्कृति के क्षेत्र में मेरी सक्रियता बढ़ने के साथ मेरा कुछ और सांस्कृतिक योद्धाओं से परिचय हुआ। ये वामपंथ की ही दूसरी धारा के लोग थे। इन्होंने पत्रिका

के रूप में सांस्कृतिक संघर्ष का एक और मोर्चा खोला। इन्होंने पटना से *समकालीन जनमत* का प्रकाशन शुरू किया। पत्रिका का मकसद जन संघर्षों की आवाज़ और जनहित से जुड़े विमर्शों को सामने लाना तथा जनपक्षधर साहित्य व संस्कृति को एक मंच देना था। पत्रिका की एक टीम थी, जिसमें शामिल थे – रामजी राय, चंद्रभूषण, इरफान, प्रदीप झा और विष्णु राजगढ़िया। ये लोग सीपीआई (एमएल) से जुड़े थे। इनमें से रामजी राय, चंद्रभूषण और इरफान इलाहाबाद से आये थे।

मेरे मित्र संजीव और आशुतोष के ज़रिए मेरा इनसे परिचय हुआ। ये लोग राजेंद्र नगर के एक छोटे से फ्लैट में रहते थे। इनकी जीवन शैली देखकर मैं चकित हुआ। ये लोग बेहद कठिन परिस्थितियों में रहते थे। रामजी राय को छोड़कर सबको अपने छात्र जीवन से निकले ज़्यादा दिन नहीं हुए थे। इनमें क्षमता की भी कमी नहीं थी, लेकिन इन्होंने किसी भी बेहतर संभावित करियर को छोड़कर पत्रिका निकालने का यह रास्ता चुना था। ये सब एक साथ रहकर पत्रिका के लिए काम करते थे। पत्रिका में लेख लिखने से लेकर उसका प्रूफ पढ़ने, उसे प्रेस तक पहुँचाने और वहाँ से लाने के अलावा डाक टिकट लगाकर पाठकों को भेजने का काम भी सब मिलकर करते थे। *समकालीन जनमत* ने वैकल्पिक पत्रकारिता को एक नयी धार दी। उसमें राजनीतिक और सामाजिक सवालों पर बड़े तीखे लेख छपते थे। कला-संस्कृति और साहित्य पर भी ख़ूब सामग्री छपती थी।

राजेंद्र नगर का यह फ्लैट मेरे लिए एक प्रमुख अड्डा बन गया। कॉलेज से लौटते हुए अकसर मैं वहाँ चला जाता। उन दिनों मैंने *अंततः* नामक नाट्य संस्था बनायी थी। कई बार रिहर्सल से लौटते हुए मैं वहाँ जाकर थोड़ा समय बिताता। वहाँ तात्कालिक सवालों पर ख़ूब बहसें होती थीं। इन लोगों की ख़ासियत थी कि ये सबको मित्रवत समझते थे और उसी रूप में खुलकर बात करते थे। उन दिनों मैं नियमित रूप से कविताएँ लिखने लगा था। *जनमत* में मेरी कई कविताएँ छपीं। *जनमत* की टीम के साथ हमारा उठना-बैठना बढ़ता गया। ख़ासकर इरफान और चंद्रभूषण के साथ। इरफान तो मेरे घर भी आया करते थे। मैं इरफान और संतोष कभी मेरे घर तो कभी संतोष के घर तो कभी संजीव के घर बैठकर दुनिया-जहान की बातें करते।

जब नागार्जुन ने डाँटा

एक बार योजना बनी कि बाबा नागार्जुन का इंटरव्यू लिया जाये। मैं संजीव और इरफान बाबा से मिलने उनके बेटे सुकांत के घर पहुँचे। सुकांत का घर मेरे घर से थोड़ी ही दूर पर था। उन दिनों सड़कों पर काफ़ी पानी जमा हुआ था। हमलोग इरफान की मोटरसाइकिल पर बैठकर किसी तरह पहुँचे। लेकिन इंटरव्यू की शुरुआत में ही बाबा इस सवाल पर भड़क गये कि आप कवि होकर राजनीति पर ज़्यादा बात क्यों करते हैं? बाबा लगातार बड़बड़ाते हुए इरफान को डाँटते रहे। उन्होंने इरफान को सुगंधित मूर्ख कहा था। हमलोग डाँट सुनकर चुपचाप चले आये। फिर हमलोग सुकांत के घर के पास एक चाय की दुकान पर चाय पीते हुए बाबा की बातों को दोहराते हुए ख़ूब हँसे।

एक बार पहली जनवरी को नये साल के मौके पर हमलोग चंद्रभूषण और इरफान को लेकर अपने कुछ दोस्तों के साथ नाव पर सवार होकर गंगा पार गये और रेत पर बैठकर काव्यपाठ किया। मैं अपनी कविता की पूरी कॉपी ही ले गया था और उस कॉपी की सारी कविताएँ पढ़ डालीं। बाद में *जनमत* का प्रकाशन दिल्ली से होने लगा और ये लोग दिल्ली चले आये। कुछ लोगों को पत्रिका से हटाकर कोई और ज़िम्मेदारी दे दी गयी। जब मैं दिल्ली पहुँचा तो यहाँ भी इनसे मुलाकात हुई।

जनमत के ज़रिये सीपीआई (एमएल) के सांस्कृतिक संगठन से जुड़े महेश्वर, अनिल अंशुमन, सुरेंद्र स्निग्ध, राणा प्रताप, हरिहर प्रसाद जैसे लोगों से परिचय हुआ, जिनमें से कई लोग अब इस दुनिया में नहीं हैं। इसी धारा से जुड़े अनिल अंशुमन बहुत अच्छा गाते थे और उन्होंने मेरे नुक्कड़ नाटक *बेरोजगार एक्सप्रेस* का निर्देशन भी किया था। मैं अनिल अंशुमन की शादी में भी शामिल हुआ था। उनकी पत्नी भी उनके संगठन से ही जुड़ी हुई थीं। उनका विवाह समारोह बेहद सादे और एकदम अलग ढंग से हुआ था, जो मुझे बहुत अच्छा लगा था।

इसी धारा से जुड़े हुए प्रोफेसर संतोष कुमार और भारती एस कुमार भी थीं, जिन्होंने *सर्जना* नामक नाट्य संस्था बनायी थी। एमएल के ही किसी समूह से राणा बनर्जी भी जुड़े थे। वे बहुत अच्छे वक्ता थे और अद्भुत गायक भी। हालाँकि वह इप्टा-प्रलेस आदि के आयोजनों में ज़्यादा दिखते थे। एमएल के ही किसी समूह से जुड़े थे

मैथिली और हिन्दी के कवि हरेकृष्ण झा। उनके अलावा कितने ही लोग थे, जिनके नाम भी मैं नहीं जानता।

वामपंथ की एक तीसरी धारा भी थी, जो सीपीएम से जुड़ी हुई थी। इससे संबद्ध थे – विद्युत पाल, जो एक बहुत अच्छे वक्ता रहे हैं। इस धारा के लोग थियेटर में ख़ासतौर से सक्रिय थे। इसी से जुड़े अनीश अंकुर से मेरी गहरी दोस्ती हो गयी।

इप्टा से निकले संजय उपाध्याय भी तब अपने तरीक़े से सक्रिय रहते थे। प्रेमचंद रंगशाला के पीछे नंदनगर नाम की एक कॉलोनी है, जिसे अंग्रेजों ने क्रिमिनल बेल्ट घोषित करके ब्लैकलिस्टेड कर दिया था। इस जगह जरायमपेशा लोग बहुत थे। संजय उपाध्याय ने वहाँ से तीस बच्चे चुने, उनके अभिभावकों से बात की और उनके साथ नाटक *अंधेर नगरी* किया। इन बच्चों को लेकर उन्होंने नुक्कड़ों पर इस नाटक के 500 से ज़्यादा प्रदर्शन किये। इसके शो दिल्ली में भी हुए। निश्चय ही, कुछ और लोग भी इसी तरह से सक्रिय रहे होंगे।

सांस्कृतिक मोर्चे पर कभी जोरदार लड़ाई लड़ने वालों में बहुत से लोग आज अपने जीवन में मशगूल हो गये हैं – नौकरी-चाकरी, घर-गृहस्थी में। कोई अध्यापक है तो कोई पत्रकार। एक तरह से देखें तो ये अपने लक्ष्य में कामयाब नहीं हुए – न तो किसी तरह की कोई क्रांति हुई, न ही व्यवस्था में कोई बड़ा बदलाव आया। बल्कि इसके उलट प्रतिगामी शक्तियाँ काफ़ी मज़बूत नज़र आ रही हैं। कहने वाले तो इनके बारे में ये भी कहते हैं कि इन्होंने समय के साथ घुटने टेक दिये और सुविधापरस्ती की राह पकड़ ली। लेकिन यह पूरा सच नहीं है। ऐसा कहना इनके साथ अन्याय होगा।

सच तो यह है कि हर व्यक्ति की सक्रियता की भी एक सीमा होती है। हर उम्र में सक्रियता का रूप भी अलग-अलग होता है। ये योद्धा आज भी उन्हीं मूल्यों के साथ खड़े हैं, जिसके साथ इन्होंने यात्रा शुरू की थी। जो जिस क्षेत्र में गया, वहाँ अपनी उपस्थिति से उन मूल्यों के लिए गुंजाइश पैदा की। इनमें से ज़्यादातर आज भी प्रतिगामी ताकतों के ख़िलाफ़ अपने स्तर पर अपने तरीके से सक्रिय हैं। सबसे बड़ी बात यह कि इन्होंने जो लकीर खींची, वह मिटी नहीं है। उस पर चलने वालों का सिलसिला अब भी जारी है।

दवा दुकान और पटना पुस्तक मेला 'बंद' से मुक्त

वर्ष 2003 में जब राजग (एनडीए) ने बिहार बंद का आह्वान किया था, तो दो चीजों को बंद से मुक्त रखा गया था – एक तो दवा की दुकान और दूसरा-पटना पुस्तक मेला। इस आशय की सूचना बाक़ायदा अख़बारों में छपी थी। कुछ लोग मज़ाक़ में और कुछ गंभीरतापूर्वक कहते हैं कि पटना में दो मौकों पर अपराध बिल्कुल बंद हो जाते हैं – एक तो छठ के मौके पर दूसरा तब, जब पुस्तक मेला चल रहा हो।

पटना की कोई भी चर्चा पटना पुस्तक मेले के बग़ैर अधूरी ही रहेगी। पटना साहित्यप्रेमियों और पढ़ाकुओं का शहर रहा है। पटना जैसे अपेक्षाकृत छोटे शहर में एक साथ इतना लाइब्रेरियों का होना इस बात का सबूत है। दो पुस्तकालयों की चर्चा मैंने पहले की है। इसके अलावा भी कई पुस्तकालय रहे हैं। बड़े पुस्तकालयों में सिन्हा लाइब्रेरी, ब्रिटिश काउंसिल लाइब्रेरी, ख़ुदाबख़्श ओरिएंटल पब्लिक लाइब्रेरी और गांधी पुस्तकालय का नाम लिया जा सकता है। पटना सिटी में बिहार हितैषी पुस्तकालय रहा है। इसके अलावा राष्ट्रभाषा परिषद, हिन्दी ग्रंथ अकादमी की लाइब्रेरी थी। बिहार सरकार के सचिवालय की अपनी एक बड़ी लाइब्रेरी थी। जब हमलोग गर्दनीबाग़ से कंकड़बाग़ आ गये तो पिताजी सचिवालय की लाइब्रेरी से किताबें लाकर पढ़ते थे। पटना विश्वविद्यालय की लाइब्रेरी भी काफी बड़ी है।

पटना का अशोक राजपथ पूरी तरह शिक्षा और किताबों का केंद्र ही है। तमाम बड़े प्रकाशकों की शाखाएँ यहाँ खुली हुई हैं जिनमें प्रमुख हैंः राजकमल प्रकाशन, वाणी प्रकाशन, सेतु प्रकाशन, मोतीलाल बनारसीदास, नॉवेल्टी और भारत सरकार का प्रकाशन विभाग। यहाँ भी दिल्ली के दरियागंज की तरह फुटपाथ पर किताबों का बाज़ार लगता है। गांधी मैदान से सटे फुटपाथ पर ख़ूब किताबें बिकती हैं, जहाँ प्रतिदिन हज़ारों पुस्तकप्रेमी सालों भर पहुँचते हैं। वे क़रीब आधा किलोमीटर में घूम-घूमकर अपनी पसंद की किताब तलाशते हैं और किताब लेकर वापस लौटते हैं। यहाँ हर स्तर की, विविध विषयों की किताबें उपलब्ध रहती हैं। कई बार मुझे यहाँ दुर्लभ किताबें मिल गयीं।

पटना में सभी पत्र-पत्रिकाएँ बड़ी संख्या में बिकती रही हैं। एक समय *सारिका*,

धर्मयुग, साप्ताहिक हिंदुस्तान, दिनमान, पराग, नंदन जैसी पत्रिकाओं का एक बड़ा बाज़ार पटना था। लघु पत्रिकाएँ भी पटना में ख़ूब बिकती रही हैं। कई लघु पत्रिकाएँ पटना से निकलती भी रही हैं।

जहाँ तक पटना पुस्तक मेला की बात है तो इसने साबित किया कि हिन्दी भाषी क्षेत्र में किताब ख़रीदकर पढ़ने वाले पाठकों के मामले में पटना का जवाब नहीं। पाठकों की संख्या का अंदाजा लगाकर ही नेशनल बुक ट्रस्ट, दिल्ली ने सितंबर 1985 में पटना में राष्ट्रीय पुस्तक मेला लगाने का निर्णय किया था पर किसी कारणवश उसने इसे स्थगित करने की घोषणा कर दी। इससे दुःखी होकर बिहार राज्य पुस्तक व्यवसायी संघ ने ट्रस्ट को बाध्य किया कि वह नयी तारीख़ की घोषणा के साथ पुस्तक मेला आयोजित करे। अंततः 3 अक्टूबर 1985 को संघ के सहयोग से पटना में ट्रस्ट ने पुस्तक मेला आयोजित किया। संघ के अध्यक्ष एच. एल. गुलाटी, उपाध्यक्ष संजीव बोस और महासचिव नरेंद्र कुमार झा के संयोजन में पटना में राष्ट्रीय पुस्तक मेले का सफल आयोजन हुआ।

उस साल लगभग पाँच हजार पुस्तक प्रेमियों ने मेले में शिरकत की। इसने पटना के पुस्तक व्यवसायियों को उत्साहित कर दिया। बिहार राज्य पुस्तक व्यवसायी संघ ने 1988 में पटना पुस्तक मेला लगाने का निर्णय किया। यह 13 से 23 नवंबर तक आयोजित हुआ। इसका उद्घाटन तत्कालीन राज्यपाल गोविन्द नारायण सिंह ने किया था।

पुस्तक मेले के प्रति लोगों के रुझान को देखकर बिहार राज्य पुस्तक व्यवसायी संघ ने पटना पुस्तक मेला के नियमित आयोजन का निर्णय किया। उसने 1990, 1991, 1992 और 1994 में पटना में सफलतापूर्वक पुस्तक मेला लगाया। 1996 से इसका स्वरूप बदला। अब नये संगठन और नये नेतृत्व ने इसका दायित्व संभाला। अब इसके अध्यक्ष थे- एच. एल. गुलाटी और महासचिव थे एन के झा जबकि मेले के प्रवक्ता बने लेखक रत्नेश्वर। यहाँ से मेले ने एक नयी करवट ली और अब यह महज पुस्तक मेला नहीं रह गया। यह एक व्यापक सांस्कृतिक मेले में तब्दील हो गया।

1994 तक इसके कार्यक्रमों में राजनेताओं और अधिकारियों का वर्चस्व रहता

था, वहीं अब लेखकों, संस्कृतिकर्मियों, पत्रकारों आदि को तरजीह मिलने लगी। सच कहा जाये तो आज विभिन्न साहित्य उत्सवों का जो स्वरूप देखने को मिल रहा है, वह आज से पचीस साल पहले ही पटना में मूर्त रूप ले चुका था।

उसी समय से लेखकों को सम्मान देने के लिए साहित्यकारों के मेला परिसर में प्रवेश करने पर उनके स्वागत में सार्वजनिक उद्घोषणा की जाती थी। उनके बैठने के लिए अलग से कक्ष बनाया जाने लगा। उसी समय से अख़बारों और पत्रिकाओं ने पटना पुस्तक मेला को विशेष स्थान देना शुरू किया। अब यह पूरे शहर के लिए एक तफ़रीह की जगह बन गया। शहर का शायद ही कोई पढ़ा-लिखा परिवार हो, जो इसमें नहीं जाता था। छुट्टी के दिनों में ख़ूब भीड़ उमड़ने लगी। युवाओं के लिए तो यह एक ख़ास आकर्षण का केंद्र था। न जाने कितने प्रेम-प्रसंग यहीं परवान चढ़े।

2000 ई. में पटना पुस्तक मेला के संयोजक अमित झा के नेतृत्व में एक नया संघर्ष शुरू हुआ। दरअसल पटना जिला प्रशासन ने पुस्तक मेला के लिए गांधी मैदान व्यावसायिक दर पर देने की शर्त रखी। इस तरह पटना पुस्तक मेला को लगभग पचास लाख रुपये खुले मैदान के देने थे। इसके विरोध में बिहार के लेखक, पत्रकार और संस्कृतिकर्मियों ने आंदोलन शुरू कर दिया। इसका व्यापक असर पड़ा और तत्कालीन मुख्यमंत्री लालू प्रसाद यादव को सीधे हस्तक्षेप करना पड़ा। प्रशासन के निर्णय में देरी की वजह से उस वर्ष पटना पुस्तक मेला गांधी मैदान में न लगकर पाटलिपुत्र कॉलनी ग्राउंड में लगा।

इसी साल पटना पुस्तक मेला में पहली बार चर्चित लेखक-आलोचक खगेन्द्र ठाकुर की अध्यक्षता में साहित्य लेखन के लिए विद्यापति पुरस्कार देने की घोषणा की गयी। इसी वर्ष से चर्चित रंगकर्मी अनीश अंकुर के नेतृत्व में प्रत्येक दिन नुक्कड़ नाटक किया जाने लगा। उस साल एनएसडी, दिल्ली ने सभी टीमों को आर्थिक सहयोग दिया। उसी साल पहली बार कला दीर्घा की शुरुआत हुई, जहाँ बिहार के चर्चित और युवा कलाकारों ने अपनी पेंटिंग और कलाकृतियों की प्रदर्शनी लगायी।

वर्ष 2002 में भी प्रशासन के साथ रस्साकशी के बीच एक बार फिर पटना पुस्तक मेला पाटलिपुत्र ग्राउंड में लगाया गया। अख़बारों ने इस मुद्दे को ज़बरदस्त तरीके से उछाला। प्रशासन के विरोध में अनेक आलेख छपे। युवा कार्टूनिस्ट कुमार विकास ने

मौर्यलोक की दीवारों पर कार्टून प्रदर्शनी लगायी। उनके एक कार्टून में जिलाधिकारी द्वारा अपने बूट से किताबों को रौंदते हुए दिखाया गया था। यहाँ से पटना पुस्तक मेला एक संपूर्ण सांस्कृतिक आंदोलन में परिवर्तित हो गया।

2002 का मेला ख़त्म होते ही 2003 के मेले की तैयारी शुरू कर दी गयी और रत्नेश्वर को मेला का संयोजक बना दिया गया। इसके बाद लेखकों, संस्कृतिकर्मियों, पत्रकारों और आम जनता की भागीदारी से इस आंदोलन ने बड़ा रूप ले लिया। इससे जुड़े एक बड़े समूह ने राज्यपाल से मिलकर उन्हें ज्ञापन दिया। अंततः सरकार ने सहयोग करने का निर्णय किया और पटना पुस्तक मेला के लिए गांधी मैदान रियायती दर पर उपलब्ध कराया गया।

इस वर्ष विद्यापति पुरस्कार के अलावा पत्रकारिता और रंगकर्म के लिए पुरस्कार शुरू किये गये। इस साल भी वृहत रूप से कला-दीर्घा बनायी गयी। इसी साल चर्चित फिल्म समीक्षक विनोद अनुपम के संयोजन में फिल्म प्रदर्शनी का आयोजन शुरू किया गया। बिहार भर की रंग संस्थाओं को नुक्कड़ नाटक की प्रस्तुति के लिए बुलाया गया। इसके साथ ही 'सुनो कहानी' में पूरे देश से दस कहानीकारों को कहानी सुनाने के लिए बुलाया गया और 'मिलो कवि से' के अंतर्गत देश भर के दस कवियों का एकल काव्य पाठ हुआ। इस वर्ष लगभग पाँच लाख लोगों ने पटना पुस्तक मेले में शिरकत की। देश-विदेश के लगभग 350 प्रकाशक और संस्थान शामिल हुए, जिनमें नेशनल स्कूल ऑफ ड्रामा, इंडियन इंस्टीट्यूट ऑफ मास कम्युनिकेशन और विश्व स्वास्थ्य संगठन(डब्ल्यूएचओ) प्रमुख थे। इसके बाद पटना पुस्तक मेला हरेक वर्ष लगने लगा।

2003 में एनडीए ने बिहार बंद की घोषणा की थी। सुबह अख़बारों के पहले पन्ने पर बंद की खबर के साथ बॉक्स में लिखा था – 'दवा दुकानें और पटना पुस्तक मेला को बंद से मुक्त रखा गया है'। उसी साल दैनिव हिंदुस्तान ने प्रत्येक दिन आठ पन्ने का पटना पुस्तक मेला संस्करण निकाला, जो किसी अख़बार द्वारा किसी पुस्तक मेले पर निकाला जाने वाला पहला संस्करण था।

पटना पुस्तक मेला के शुरुआती दिनों में प्रकाशक के प्रतिनिधि स्टॉल के साथ आते थे। प्रकाशक स्वयं या प्रकाशन समूह के संपादक कम ही आते थे। धीरे-धीरे पुस्तक मेले में उमड़ती भीड़ को देखकर और आयोजकों के प्रयास से वे भी आने लगे।

इसका बहुत बड़ा फ़ायदा यहाँ के लेखकों को मिला। बिहार के सैकड़ों लेखकों की विविध विषयक पुस्तकों को राष्ट्रीय प्रकाशकों ने छापना शुरू किया। देश का शायद ही कोई बड़ा लेखक, विद्वान या पत्रकार हो, जो इस मेले में नहीं आया हो। इसने हर किसी को प्रभावित किया। प्रख्यात पत्रकार प्रभाष जोशी ने एक बार कहा था-'पूरे देश की हो या न हो, पर हिन्दी प्रदेशों की कोई संस्कारधानी हो सकती है, तो वह बिहार का पटना ही है।'

प्रसिद्ध आलोचक नामवर सिंह ने तो यहाँ तक कहा था कि यदि पटना पुस्तक मेला आने से पहले उनकी मौत हो गयी होती, तो उनकी आँखें खुली रह गयी होतीं, क्योंकि यह दृश्य देखना बाकी रह गया होता।

गुणाकर मुले ने कहा था – 'जितना सुना था उससे भी बेहतर पाया। यह दिल्ली में आयोजित होने वाले पुस्तक मेले से भी बेहतर है क्योंकि यहाँ लेखकों का विशेष सम्मान है।'

एक समय पटना पुस्तक मेला का कार्यक्रम 'जन अदालत' बहुत ही चर्चित रहा था। इसमें किसी राजनेता या अन्य चर्चित शख़्सियत को बुलाया जाता था, जिन्हें पुस्तक प्रेमियों के तल्ख़ सवालों का सामना करना पड़ता था। कुछ राजनेताओं को तो जनता के तेवर देखकर कार्यक्रम के बीच से ही जाना पड़ गया। इस कार्यक्रम के ज़रिए पटना पुस्तक मेला एक तरह से बिहार की आवाज़ बन गया।

पर्यावरण सहित देश-दुनिया का हरेक ज्वलंत मुद्दा पटना पुस्तक मेला की थीम बनता रहा है। इसके मुख्य द्वार और प्रशासनिक भवन, मंच आदि का नामकरण भी बहुत आकर्षक होता है। वह कभी लेखकों के नाम पर होता है तो कभी किताबों के नाम पर, कभी नदियों-पहाड़ों के नाम पर तो कभी चिड़ियों के नाम पर। सच कहा जाये तो पटना पुस्तक मेला हिन्दीभाषी क्षेत्र के एक बड़े सांस्कृतिक पर्व का रूप ले चुका है। इसे शब्दों का उत्सव कहा जा सकता है।

भाषा के विविध रंग

पटना में कई भाषाएँ-बोलियाँ बोलने वाले लोग रहते हैं – मगही, भोजपुरी, मैथिली, अंगिका, वज्जिका वगैरह। इसके अलावा बांग्ला और पंजाबी बोलने वाले

भी हैं। थोड़ी बहुत संख्या दक्षिण भारतीय भाषाएँ बोलने वालों की भी है। यहाँ हिन्दी किसी की मातृभाषा नहीं है, लेकिन वह संपर्क भाषा है, इसके अलावा वह कामकाज, पढ़ाई-लिखाई और साहित्य-संस्कृति की भाषा है। लेकिन साहित्य-संस्कृति के क्षेत्र में अन्य भाषाओं का भी महत्त्वपूर्ण योगदान है। उर्दू में पत्रकारिता के अलावा साहित्य लेखन भी होता है। बांग्ला के भी कई महत्त्वपूर्ण लेखक यहाँ रहे हैं। बांग्लाभाषियों का पटना रंगमंच को विकसित करने में योगदान काफी अहम रहा है।

मैथिलीः पटना में हिन्दी के बाद सबसे ज़्यादा गतिविधियाँ मैथिली में होती हैं। मैथिली में नियमित आधुनिक साहित्य लेखन चल रहा है वहीं इसका एक आधुनिक रंगमंच भी है। मैथिलीभाषियों की सबसे बड़ी संस्था है चेतना समिति, जिसके गठन में बाबा नागार्जुन की महत्त्वपूर्ण भूमिका रही है। उल्लेखनीय है कि बाबा ख़ुद मैथिली के एक प्रमुख कवि रहे हैं। उन्होंने 'यात्री' के नाम से मैथिली में लेखन किया। मैथिलों के बीच वे 'यात्री जी' के नाम से जाने जाते हैं।

चेतना समिति द्वारा मैथिल कोकिल विद्यापति की जयंती हर साल मनायी जाती है। इस आयोजन में मैथिली साहित्य और कला का बड़े पैमाने पर प्रदर्शन किया जाता है। विद्यापति जयंती समारोह पटना के बड़े आयोजनों में से एक रहा है। तीन दिन तक चलने वाले इस आयोजन में एक समय पचास से साठ हज़ार तक लोग शिरकत किया करते थे। यह एक तरह से मैथिल समाज को एक सूत्र में पिरोने और उनकी चेतना को व्यक्त करने का एक माध्यम बना हुआ है।

विद्यापति जयंती के मौके पर गीत, संगीत और नाटक के प्रदर्शन के साथ कवि सम्मेलन, विचार गोष्ठियाँ तथा पुस्तक प्रदर्शनी भी आयोजित होती है। व्यंजन व लोक कलाओं का भी मेला लगता है। यह मंच इतना अहम माना जाता है कि इस पर कविता का पाठ करना या इस पर किसी के नाटक का मंचन होना मैथिली साहित्य में उसकी स्वीकृति का प्रमाण समझा जाता है।

पहले मैथिली में स्वतंत्र नाट्य संस्थाएं नहीं थीं। विद्यापति जयंती के मौके पर ही नाटक का मंचन किया जाता था। नाटक देखने के लिए समारोह के तीसरे दिन भारी भीड़ उमड़ पड़ती थी। नाटक की कई दिनों तक चर्चा होती रहती थी। मेरे पिताजी भी इसके कई नाटकों में हिस्सा ले चुके थे। उस समय *मिथिला मिहिर* नामक साप्ताहिक

पत्रिका निकलती थी, जिसमें उस नाटक की विस्तृत समीक्षा छपती थी।

चेतना समिति विद्यापति जयंती के अलावा भी अन्य कई आयोजन करती है। उसने कई मैथिली किताबें भी प्रकाशित की हैं। साथ ही वह मैथिली त्रैमासिक पत्रिका *घर-बाहर* का प्रकाशन करती है।

मैथिली में हरिमोहन झा, यात्री और राजकमल चौधरी की राष्ट्रीय स्तर पर ख्याति रही। यात्री जी और राजकमल ने तो हिन्दी में भी लिखा पर हरिमोहन झा की कृति 'खट्टर ककाक तरंग' अनुवाद के ज़रिये ही आयी और उसने क्लासिक का दर्ज़ा हासिल कर लिया। रूढ़ियों पर इतना तीक्ष्ण कटाक्ष बहुत कम देखने को मिलता है। नौवें दशक में उभरकर आये कवि हरेकृष्ण झा और कवि-कथाकार तारानंद वियोगी की पहचान भी मैथिली के दायरे से बाहर तक बनी।

वैसे पटना में रहने वाले मैथिली साहित्यकारों की संख्या हिन्दी के लेखकों से कम तो नहीं, ज़्यादा ही होगी। एक बार मैंने मैथिली कवि सम्मेलन में हिन्दी के प्रख्यात कवि शमशेर बहादुर सिंह को देखा था। सम्मेलन का संचालन कर रहे मैथिली कवि मायानंद मिश्र ने मंच से घोषणा की कि 'आज हमारा सौभाग्य है कि हिन्दी के प्रतिष्ठित कवि शमशेर बहादुर सिंह हमारे बीच उपस्थित हैं।' मायानंद जी ने शिष्टाचारवश शमशेर जी को मंच पर बैठने के बुलाया पर शमशेर जी ने इशारे से कहा कि मैं नीचे ही ठीक हूँ। मैथिली में रात भर चलने वाले कहानी पाठ का आयोजन 'सगर राति दीप जरय' (दीया जले सारी रात) काफी लोकप्रिय है। आजकल पटना समेत अनेक शहरों में मैथिली लिटरेचर फेस्टिवल का आयोजन होता है।

वैसे साहित्यकारों की तुलना में मैथिली के रंगकर्मियों और हिन्दी के रंगकर्मियों के बीच कहीं ज़्यादा संवाद है। सच तो यह है कि मैथिली रंगमंच को खड़ा करने में हिन्दी के कुछ वरिष्ठ निर्देशकों का भी महत्त्वपूर्ण योगदान रहा है। अस्सी के बाद के वर्षों में मैथिली में स्वतंत्र नाट्य संस्थाओं का गठन शुरू हो गया। शुरुआती संस्थाओं में *अरिपन, भंगिमा, नवांगन, कला समिति और आँगन* प्रमुख रही हैं। मैथिली में *अरिपन* द्वारा हर साल एक नाट्य समारोह आयोजित किया जाता रहा है, जिसमें नेपाल के नाट्य दल भी शामिल होते रहे हैं। आजकल चेतना समिति द्वारा 'चेतना रंग उत्सव' का आयोजन नियमित रूप से किया जाता है।

चेतना समिति द्वारा बनाया गया विद्यापति भवन मैथिली लेखकों-रंगकर्मियों का एक बड़ा अड्डा है। मैथिली में पत्रकारिता की एक क्षीण सी परंपरा रही है। जब दरभंगा महाराज का *इंडियन नेशन* समूह अच्छी स्थिति में था तब *मिथिला मिहिर* नामक साप्ताहिक पत्र नियमित रूप से निकला करता था। शुरू में उसका मूल्य पचास पैसे था। *इंडियन नेशन* बंद होने के साथ या शायद उससे थोड़ा पहले ही वह बंद हो गया। उसके बाद एक पाक्षिक *भाखा टाइम्स* निकला करता था, वह भी बंद हो गया। निजी पहलकदमियों से कई साहित्यिक पत्रिकाएँ निकलीं और अब भी निकल रही हैं।

भोजपुरीः भोजपुरी में कोई उल्लेखनीय साहित्यिक गतिविधियाँ दिखायी नहीं देतीं। कुछेक संस्थाएँ ज़रूर हैं, जो भाषा की राजनीति करती दिखायी देती हैं। भोजपुरी ने गीतों और फिल्मों का अपना एक बाज़ार विकसित कर रखा है। पटना भी उसका एक बड़ा बाज़ार है।

वैसे जिस तरह विद्यापति मैथिली के आइकन रहे हैं उसी तरह भिखारी ठाकुर को भोजपुरी के आइकन के रूप में एक नयी पहचान और प्रतिष्ठा मिली है। उन्हें बौद्धिक समाज या भद्रलोक ने नये सिरे से स्वीकार किया है। इसका श्रेय लेखक हृषिकेश सुलभ और रंग-निर्देशक संजय उपाध्याय को जाता है। हृषिकेश सुलभ ने पहले अपनी कहानियों और कुछ क्लासिक नाटकों को भिखारी ठाकुर की नाट्यशैली में ढाला जिनका निर्देशन सतीश आनंद ने किया। बाद में सुलभ ने भिखारी ठाकुर के जीवन पर *बटोही* नामक नाटक लिखा। संजय उपाध्याय ने भिखारी ठाकुर के नाटक *बिदेसिया* का देश भर में अनेक मंचन करके उसे लोकप्रिय बनाया।

मगही- मगही में गतिविधियाँ न के बराबर हैं। कहने को तो मगही अकादमी भी है, पर उसके कामकाज के बारे में किसी को पता भी नहीं चलता। मगही, भोजपुरी और मैथिली, तीनों ही अकादमियों का बुरा हाल है। सरकार से उन्हें अपेक्षित सहयोग नहीं मिल रहा है। वैसे मगही के जाने-माने कवि मथुरा प्रसाद नवीन जब जीवित थे, तब पटना में उनसे कविता सुनने का सौभाग्य मुझे मिल चुका है।

बांग्लाः बिहार में आधुनिक रंगमंच को लोकप्रिय बनाने में बिहार के बांग्लाभाषियों की अहम भूमिका है। नाटककार और निर्देशक अनिल मुखर्जी के प्रयासों से पटना में कालिदास रंगालय बना। जब तक प्रेमचंद रंगशाला का पुनरोद्धार नहीं हुआ था,

सबसे ज़्यादा नाटक इसी में हुआ करते थे। जब कालिदास रंगालय नहीं बना था, तब बंगाली मोहल्लों के पारंपरिक दुर्गापूजा स्थल पर बांग्ला नाटकों का मंचन होता था। वहाँ अनिल मुखर्जी अपने लोकप्रिय हिन्दी नाटक *पालकी* और अन्य नाटकों का मंचन किया करते थे।

शिल्पकला के क्षेत्र में दो बड़े बांग्लाभाषी शिल्पाचार्यों का नाम बिहार से जुड़ा है। एक थे नंदलाल बोस, जो कि बिहार की ही संतान थे। उनके पिता पूर्णचंद्र बोस दरभंगा राज के वास्तुशिल्पी थे। दूसरे थे बिनोद बिहारी मुखोपाध्याय। प्रख्यात फिल्म निर्देशक सत्यजीत रॉय के शिल्पगुरु बिनोद बिहारी पटना कला महाविद्यालय के प्राचार्य थे। मध्यवर्गीय परिवारों में बच्चों को बाल्यकाल से ही शिल्पकला, नृत्य-संगीत का प्रशिक्षण दिलवाने का रिवाज बांग्लाभाषी परिवारों से ही शुरू हुआ। इसका प्रभाव शहर के अन्य लोगों पर भी पड़ा। आज भी पटना में गीत-संगीत के गुरु ज़्यादातर बंगाली ही हैं।

जहाँ तक साहित्य के क्षेत्र की बात है तो बलदेव पालित, केदारनाथ बन्दोपाध्याय, आशालता सिंहो, अनुरूपा देवी, बिभूतिभूषण मुखोपाध्याय, बनफूल, सतीनाथ भादुड़ी आदि बिहार के ही बांग्ला लेखक रहे हैं। प्रख्यात लेखक फणीश्वरनाथ रेणु ने तो सतीनाथ भादुड़ी को अपना गुरु ही माना है।

बलदेव पालित (1835-1900) का जन्म दानापुर में हुआ था। बंकिमचंद्र उनकी रचनाओं की चर्चा अपनी पत्रिका *बंगदर्शन* में ज़रूर करते थे। गंगा नदी के उद्गम से समुद्र तक की उनकी यात्रा पर उनकी एक दीर्घ कविता महत्त्वपूर्ण है।

मलय रायचौधुरी का जन्म पटना के बाकरगंज मोहल्ले में हुआ था। वे साठ के दशक के साहित्य आंदोलन भूखी पीढ़ी (हंगरी जेनरेशन) के जन्मदाता माने जाते है। इस आंदोलन ने बांग्ला साहित्य को एक नयी दिशा दी और पूरे भारत में उथल-पुथल मचायी। उनकी एक कविता *स्टार्क इलेक्ट्रिक जेसस* जब अमेरिकी कवि एलन गिंसबर्ग की पत्रिका में छपी तो धूम मच गयी थी।

विश्वजीत सेन और पूर्णेंदु मुखर्जी भी जाने-माने कवि थे। उनके बाद भी कई लोग बांग्ला में लिख रहे हैं।

बांग्लाभाषियों को लेकर एक बात और उल्लेखनीय है। सत्तर या अस्सी के

दशक में जब पटना रंगमंच एक व्यवस्थित रूप ले रहा था, तब नाट्य संस्थाओं को अभिनेत्रियां नहीं मिल पाती थीं क्योंकि बिहार के रूढ़िवादी परिवार अपनी लड़कियों को मंच पर पुरुषों के साथ अभिनय करने की अनुमति नहीं देते थे। ऐसे में बंगाली लड़कियों ने इस समस्या का समाधान प्रस्तुत किया और उन्होंने हिन्दी के अनेक नाटकों में अभिनय किया। हालाँकि अब हालात बदल गये हैं।

उर्दू- पटना में उर्दू में साहित्य लेखन की सुदीर्घ और सशक्त परंपरा रही है। पटना प्रगतिशील लेखक संघ और उससे जुड़े लोगों की हमेशा कोशिश रही कि हिन्दी और उर्दू के साझा आयोजन किये जायें। अकसर काव्य पाठ में उर्दू के शायरों को बुलाया जाता था। यहाँ तक कि कहानी पाठ में एक कहानीकार हिन्दी का होता तो दूसरा उर्दू का। बिहार उर्दू अकादमी के भवन में हिन्दी के कई आयोजन हुआ करते थे। उसमें मैंने भी काव्यपाठ किया है। जो केवल उर्दू के आयोजन होते थे, उनमें भी हमलोग शिरकत किया करते थे। एक बार एक मुशायरे में मैंने कलीम आजिज़ को सुना था। उस समय वे काफी वृद्ध हो गये थे, लेकिन उनकी आवाज़ में एक खनक थी।

एक बार ज़किया मशहदी का कहानी पाठ हुआ था। हिन्दी के कई आयोजनों में उर्दू के लेखक शामिल होते थे। उत्तर छायावाद पर हुए आयोजन में मेरा उर्दू के जाने-माने कथाकार शमोएल अहमद से परिचय हुआ। आलोचक सफ़दर इमाम क़ादरी से तो काफी आत्मीय रिश्ता था, मैं कई बार उनके घर भी जा चुका हूँ।

2020 का साहित्य अकादमी पुरस्कार जब हुसैनुल हक़ को उनके उपन्यास *अमावस में ख़्वाब* के लिए दिये जाने की घोषणा हुई तो बहुत अच्छा लगा। हालाँकि वे पटना के नहीं गया के हैं। वैसे बिहार के सारे लेखकों का पटना से जुड़ाव किसी न किसी रूप में बना ही रहता है। पटना के जिन साहित्यकारों की चर्चा बाहर भी सुनने को मिलती रही है, उनमें सुल्तान अख़्तर प्रमुख थे। पटना के विभिन्न आयोजनों में वे दिखते थे। 2021 में उनका निधन उर्दू साहित्य के लिए बड़ी क्षति है। सुल्तान काफ़ी लोकप्रिय शायर थे। *ग़ज़लिस्तान, इंतिसाब, पस-ए-अर्ज़-ए-हुनर* उनकी प्रमुख कृतियाँ हैं।

पटना में शायरी की शानदार परंपरा को कई वरिष्ठ और युवा शायर आगे बढ़ा रहे हैं जिनमें अलीमुल्लाह हाली, आलम खुर्शीद, खुर्शीद अकबर, तारिक़ मतीन,

अता आबदी, खालिद अबादी, जमाल ओवैसी, शमीम क़ासमी, ख़ुर्शीद तलब, अभय कुमार बेबाक और संजय कुमार कुंदन प्रमुख हैं।

उर्दू गद्य में भी पटना का मुक़ाम बहुत ऊँचा है। अब्दुस्समद एक प्रमुख कथाकार हैं, जिनकी कहानियाँ और उपन्यास दोनों अहम माने जाते हैं। *दो गज़ ज़मीन, महात्मा, ख्वाबों का सवेरा* उनके प्रमुख उपन्यास हैं, जबकि *बड़ा रंगों वाला कमरा, पसे-दावर, स्याह कागज़ की धज्जियाँ* प्रमुख कहानी संग्रह हैं। वे साहित्य अकादमी पुरस्कार के अलावा उत्तर प्रदेश एवं बिहार उर्दू अकादमी अवार्ड से भी सम्मानित हैं। शमोएल अहमद ऐसे लेखक हैं, जो हिन्दी में भी ख़ूब पढ़े जाते हैं। स्त्री-पुरुष संबंधों की जटिलता उनका प्रिय विषय है। *नदी, महामारी, गिर्दाब* और *चमरासुर* उनके प्रमुख उपन्यास हैं। उनके कई कहानी संग्रह भी आ चुके हैं। उनके अलावा अली इमाम, शफी मशहदी, ज़किया मशहदी, शौकत हयात, कासिम खुर्शीद और कई प्रमुख कथाकार हैं, जिन्होंने अपनी कहानियों और उपन्यासों से उर्दू साहित्य को समृद्ध किया है।

आलोचकों में वहाब अशरफी, अबुल कलाम क़ासमी, कुद्दुस जावेद, असलम आज़ाद, एजाज अली अरशद, कौसर मज़हरी, गंज़र एजाज़, शहाब ज़फ़र आज़मी, अबू बकर रिज़वी, नसीम अहमद नसीम और सफ़दर इमाम क़ादरी का नाम लिया जाता है। उर्दू में 'आमद' जैसी साहित्यिक पत्रिका निकलती रही है, जो फिलहाल बंद है। अन्य भाषाओं की तरह उर्दू अकादमी भी मृतप्राय है।

ठेठ पटनियाँ बोली का ठाठ

प्रख्यात व्यंग्यकार शरद जोशी ने पटना की भाषा को लेकर एक व्यंग्य लेख लिखा था-'बिहार आकर नरभसा गये शरद जोशी।' शरद जोशी का पटना आकर जिस भाषा से सामना हुआ, वह उन्हें बेहद अटपटी लगी थी। इसमें अंग्रेजी की ऐसी की तैसी की गयी थी। जाहिर है, यह काम आला दर्जे की सृजनात्मकता के ब़गैर संभव ही नहीं है। वैसे पटना के बाहर जब दो पटनियाँ मिलते हैं और जब तक एक-दूसरे से अनजान रहते हैं, तब तक वे बेहद औपचारिक और स्थानीय भाषा का इस्तेमाल कर

रहे होते हैं, लेकिन ज्यों ही पता चलता है कि दोनों पटना के हैं, वे भाषिक आवरण को उतार फेंकते हैं। फिर बड़ी राहत पाकर पटनियाँ टोन में बतियाने लगते हैं।

पटना के लोगों को आवरण पसंद नहीं है। किसी भी अतिरिक्त अनुशासन से वे अपने को असहज महसूस करने लगते हैं, इसलिए भाषा की बंदिशें भी उन्हें नागवार गुज़रती हैं। वे भाषा को अपनी सुविधा और सहूलियत के हिसाब से तोड़ते-मरोड़ते रहते हैं, उस पर रंदा चलाते रहते हैं।

वैसे तो मगध क्षेत्र होने के कारण पटना में मगही का बोलबाला है। आमजन की भाषा मगही ही है, लेकिन इसने एक ख़ास पटनियाँ रूप ले लिया है, जिसमें अनेक भाषाओं के अलावा घिसी हुई अंग्रेजी भी शामिल है। यह बात कोई भाषाशास्त्री भी शायद न बता पाये कि पटना या पूरे बिहार या पूरे पूर्वांचल के लोग 'मैं' की जगह 'हम' का इस्तेमाल क्यों करते हैं। फिर वे कर्ता के 'ने' चिह्न का प्रयोग क्यों नहीं करते। जैसे 'मैंने यह काम किया' को वे 'हम ये काम किए' कहेंगे। 'मैंने उससे कहा' को वे 'हम उससे बोले' कहेंगे।

पर पटना में एक दिलचस्प भाषा प्रयोग देखने में आता है, जो कि इसी की विशेषता है। जैसे सहायक क्रिया के रूप में कहीस दीहिस का प्रयोग। जैसे 'उसने कर दिया' के लिए 'उ तो कर दीहिस'। 'कहना' के लिए 'कहियो' या 'कह दियो' का प्रयोग मैंने कई क्षेत्रों में सुना है या 'कहा' के लिए 'कहिन' का प्रयोग। मुस्लिम इलाकों में इसका प्रयोग ज़्यादा देखने को मिलता है। कुछ इलाक़ों में 'तुम' की जगह 'ते' का प्रयोग भी होता रहा है। 'तुम जाओगे' के लिए 'ते जाएगा' कहते हैं। इस तरह का प्रयोग पटना सिटी में ख़ूब देखने में मिलता है।

पटना में सर्वनाम के रूप में 'उ' का प्रयोग होता है। यहाँ एक और शब्द 'कोंची' का ज़बरदस्त प्रयोग होता है जो 'क्यों' के अर्थ में प्रयुक्त होता है। यह कौन और चीज़ के मिलन से बना प्रतीत होता है। या संभवतः यह मगही के 'कउची' का विकसित रूप है।

कई ऐसे शब्द हैं, जो संभवतः पटना की ही पैदाइश हैं जैसे लफ्फू या लफुआ। यह आवारा के लिए प्रयोग में आता है। यह लोफर का पर्याय है। इसी तरह फिरंट शब्द

भी मैंने सिर्फ़ पटना में ही सुना है। यह फरार के लिए है, जो अंग्रेजी के करीब लगता है। एक और शब्द है – फूटानी। इसका प्रयोग पटना के ही लोग करते हैं, जिसका मतलब है घमंड या दिखावा। एक और शब्द है गपास्टिंग। यह गपबाजी के लिए बना अदभुत शब्द है। कुछ अंग्रेजी शब्दों का वहाँ अलग अर्थों में इस्तेमाल होता है। जैसे पूरी दुनिया में मेजोरिटी का अर्थ बहुमत है लेकिन पटना में ख़ासकर मैथिलों में इसका अर्थ है संगति। जैसे किसी बिगड़ैल लड़के के बारे में कहा जाता है – उसकी मेजोरिटी खराब है। इसी तरह समझदारी पूर्ण बात के लिए एक शब्द है साइंसियल। किसी की तारीफ़ में कहा जाता है अमुक साहब बड़ा साइंसियल बात बोलते हैं। हो सकता है यह सेसिंबल की तर्ज़ पर बना हो।

यहाँ एक और संबोधन सुनने को मिला था-माई डियर आदमी। किसी-किसी के बारे में कहा जाता है – अरे वो तो माई डियर आदमी हैं। मतलब बहुत अच्छे मिलनसार आदमी हैं। यहाँ मुहावरे भी बनते रहते हैं जैसे फांकी मारना, जिसका मतलब है सतही काम करना। ब्लफ देना मतलब बेवकूफ बनाना। मटियाना मतलब टालना। यहाँ अंग्रेजी शब्दों की दुर्दशा किये जाने के अनेक उदाहरण हैं। जैसे एक जगह मैंने लिखा देखा था – दाल फड़ाई। यहाँ आशय फ्राई से था। मुझे लगता है पटना के भाषा प्रयोग को लेकर न सिर्फ़ भाषाशास्त्रीय बल्कि समाजशास्त्रीय अध्ययन करने की भी ज़रूरत है।

विचारों के अड्डे

शहर के साहित्यिक-बौद्धिक अड्डों के रूप में मैंने *भारत कॉफी हाउस* की चर्चा सुनी थी। हालाँकि मेरे होश सँभालने तक वहाँ अड्डेबाजी ख़त्म हो चुकी थी। पत्रकारों के अड्डे के रूप में फ्रेजर रोड स्थित *न्यू पिंटू रेस्टोरेंट* की चर्चा भी कानों में पड़ी थी पर वहाँ जाने का सौभाग्य प्राप्त नहीं हुआ। पटना में चंद दिनों के लिए ही मैंने पत्रकारिता की थी। सही मायने में उसकी शुरुआत दिल्ली से ही हुई।

उस समय साहित्यिक अड्डे के रूप में डाकबंगला रोड स्थित *पारिजात प्रकाशन* की पहचान थी लेकिन मेरे सक्रिय होने तक उसकी रौनक़ भी ख़त्म होने लगी थी। वहाँ एक समय शंकरदयाल सिंह, सत्यनारायण, गोपीवल्लभ सहाय, रवीद्र राजहंस और अन्य

कई लेखक नियमित रूप से बैठते थे। लेकिन 1985 के बाद के वर्षों में कुछ लेखकों के घर ही अड्डे के रूप में विकसित हुए। इनमें प्रसिद्ध आलोचक नंदकिशोर नवल का घर प्रमुख था।

सुमति पथ की पाठशाला

नवल जी उन दिनों पटना के रानीघाट के *सुमति पथ* में रहते थे। उनका वह मकान मैं कभी नहीं भूल सकता क्योंकि वह मेरे लिए कविता की पाठशाला था। यहीं इस मकान में मैंने नवल जी से हिन्दी कविता के बारे में बहुत कुछ जाना। कविता लिखने की शुरुआत तो मैंने बचपन में ही कर दी थी, पर हिन्दी की समकालीन कविता से मेरा परिचय बेहद कम था। मेरे घर में साहित्यिक माहौल ज़रूर था, पर वह कविता का नहीं, गद्य का था। मेरे पिताजी कहानियों और उपन्यासों के पाठक थे। अपने कार्यालय की लाइब्रेरी से वे कहानी संग्रह और उपन्यास लाकर पढ़ते थे। पत्रिकाओं में *सारिका* ज़रूर मेरे घर नियमित आती थी, लेकिन वह भी कहानी की ही पत्रिका थी। तो मैं समकालीन कथा साहित्य से परिचित था, पर कविता से नहीं। कविता का संसार मेरे लिए लगभग वही था, जो इधर-उधर से या सिलेबस के ज़रिये मुझ तक पहुँचा था। यानी हिन्दी कविता से परिचय था लेकिन उसे एप्रीशिएट करना नहीं आता था। कविता को समझने के टूल्स मेरे पास नहीं थे। इस समय मुझे एक आलोचक या कविता के एक अच्छे शिक्षक की ज़रूरत थी। और संयोग से मुझे डॉ. नंदकिशोर नवल मिल गये। नवल जी उन दिनों प्रगतिशील लेखक संघ में सक्रिय थे। वे संगठन के कोई पदाधिकारी थे या नहीं, मझे याद नहीं।

नवल जी के बारे में मुझे अपूर्वानंद से काफी-कुछ जानकारी मिली। लेकिन उसके कुछ ही दिनों बाद पता चला कि डॉ. नवल मेरे ही साथ पढ़ने वाली पूर्वा भारद्वाज के पिता हैं। ख़ैर, जब मैं प्रगतिशील लेखक संघ से जुड़ा तो अपूर्वानंद और अन्य लोगों से नियमित मिलना-जुलना शुरू हो गया। एक दिन अपूर्वानंद ने कहा कि नवल जी के यहाँ जा रहा हूँ। चलना चाहो तो चल सकते हो। उस वक़्त मैं साइकिल से था। अपूर्वानंद ने कहा कि मैं ऑटो से चलता हूँ तुम साइकिल से सुमति पथ के पास पहुँचो। मैं उनसे पहले ही सुमति पथ पहुँच गया। उनके आने के बाद हम दोनों साथ उनके घर गये।

नवल जी का वह घर काफी बड़ा पर थोड़ा बेडौल था। जैसे मुख्य दरवाज़ा काफी छोटा था। उससे घुसते ही एक सीढ़ी मिलती थी और उसके ठीक बाद एक बड़ा आँगन था। आँगन के एक सिरे पर एक छोटा सा कमरा था, जो ड्राइंग रूम था लेकिन आँगन के दूसरी ओर ऊपरी मंजिल पर कुछ बड़े कमरे थे। हम छोटे से ड्राइंग रूम में आ गये। और यहीं पहली बार मैंने नवल जी को देखा। वह नीली लुंगी और पूरी बाँह वाली बनियान पहने हुए थे। लुंगी और बनियान एकदम धुली हुई चमक रही थी। नवल जी के चेहरे पर भी एक चमक थी।

उस वक़्त मुझे नहीं पता था कि उनका वह छोटा सा ड्राइंग रूम मेरे लिए कविता का क्लासरूम बनने वाला है। उस दिन के बाद से नवल जी के यहाँ मेरा आना-जाना लगा रहा। उन दिनों शाम में कई लोग नवल जी की बैठक में जुटते। इनमें अपूर्वानंद, प्रो. तरुण कुमार, जावेद अख़्तर ख़ाँ, विजय कुमार तिवारी, सच्चिदानंद प्रभाकर आदि नियमित आने वालों में थे। मेरे मित्र युवा आलोचक संजीव कुमार और आशुतोष कुमार भी कभी-कभार आया करते थे।

नवल जी के यहाँ उस समय की साहित्यिक हलचलों पर बात होती रहती थी। सबसे ज़्यादा चर्चा नामवर सिंह की होती थी। सच कहा जाये तो मैंने नवल जी के ज़रिए ही नामवर सिंह के महत्व को समझा। नामवर जी ने किस तरह हिन्दी कविता के मूल्यांकन की एक नयी दृष्टि दी, यह मुझे वहीं पता चला। साहित्य के कई विवादों और लेखकों के निजी जीवन के कई अध्याय भी खुले। मैं कुछ बोलने की बजाय चुप रहकर बस सुनता रहता था। उन्हीं दिनों मैं समझ पाया कि इस समय अरुण कमल, राजेश जोशी, मनमोहन, उदय प्रकाश, मंगलेश डबराल, इबार रब्बी, असद जैदी, विष्णु खरे, विष्णु नागर, ऋतुराज आदि लिख रहे हैं। रघुवीर सहाय, केदारनाथ सिंह, शमशेर और नागार्जुन उस वक़्त वरिष्ठ कवियों के रूप में स्थापित हो चुके थे। कुल मिलाकर प्रगतिशील हिन्दी कविता की एक मुकम्मल तस्वीर मेरे सामने खिंचती चली गयी। यहाँ मैं जिस कवि का नाम सुनता, उसका संग्रह ख़रीदकर पढ़ता था। एक दिन नवल जी ने कोई कविता संग्रह मेरे हाथ में देखा तो कहा अगर किसी कवि को पढ़ रहे हो तो उसे पूरा पढ़ो। फिर मैं एक कवि को चुनकर उसकी सारी किताबें जुटाकर पढ़ने लगा।

समय के साथ जब नवल जी से नज़दीकी बढ़ी तो मैं अपनी जिज्ञासाएँ रखने लगा

जो शायद वहाँ बैठे लोगों को किशोर सुलभ लगती होंगी। पर नवल जी मेरे सवालों से कभी परेशान नहीं होते थे, वे उनका काफ़ी गंभीरता से जवाब देते थे। एक बार मैं उनके घर पहुँचा, तो वे ड्राइंगरूम में नहीं थे लेकिन वहाँ और लोग बैठे हुए थे। साहित्य में विचारधारा पर बहस चल रही थी। मैंने कोई सवाल कर दिया। तभी सामने से नवल जी निकले। उनके साथ चाची (उनकी पत्नी) भी थीं। वे लोग तैयार होकर कहीं जा रहे थे। मेरा सवाल सुनकर नवल जी रुक गये। उन्होंने उस सवाल का जवाब देना शुरू किया। चाचीजी परेशान हो रही थीं। वह बार-बार घड़ी की ओर इशारा कर रही थीं। लेकिन नवल जी पूरा जवाब दिये बग़ैर नहीं गये। फिर अंत में उन्होंने कहा, 'ये नये लोग हैं। इन्हें समझाना ज़रूरी है।'

नवल जी के समझाने का ढंग बहुत अच्छा था। वे विस्तार से और विषय पर टिके रहकर बात करते थे और उनमें भाषा का पाखंड या विद्वता के प्रदर्शन की मंशा कभी नहीं दिखी। शायद इसलिए उनकी कक्षाएँ रोचक होती थीं और विद्यार्थी उनसे बेहद प्रसन्न रहते थे। वे अपनी बात रखने के लिए रोचक प्रसंगों का इस्तेमाल करते थे। वे जब संस्मरण सुनाते तो संबद्ध व्यक्ति को एकदम सामने ला खड़े करते थे। जैसे नागार्जुन के बारे में उन्होंने कई बातें बतायीं, जिससे एक महान कवि के मानस को समझने में मदद मिली। राजकमल चौधरी के बारे में तो मैं जो भी जानता हूँ, उन्हीं के ज़रिए जानता हूँ।

लेखन के शुरुआती दिनों में मैं कई बार निराश हो जाता तो वो मेरा हौसला बढ़ाते। उन्होंने बताया कि लेखन किस तरह जीवन पर असर डालता है। और यह भी कि लेखन अपने आप में एक मूल्य का सृजन है। उन्होंने राजकमल चौधरी का उदाहरण देते हुए कहा कि समाज की सोच और रुचियों पर असर डालने के लिए लगातार और काफी ज़्यादा लिखने की ज़रूरत है। एक बार पटना के ही एक कवि ने मेरी कविता पर टिप्पणी करते हुए कहा कि मेरी कविता की भाषा ठीक नहीं है। मैंने उसी दिन नवल जी से पूछा, 'कविता की भाषा कैसे ठीक होती है?' उन्होंने कहा, 'भाषा की चिंता न करने से।' मार्क्सवादी सौंदर्यशास्त्र को समझने में भी मुझे उन्हीं से मदद मिली। उनकी कई बातों से मैं सहमत नहीं हो पाता था, फिर भी मैं कोई प्रतिवाद नहीं करता था। मैं सोचता था कि ख़ुद अध्ययन करके उसका हल खोज लूँगा।

नवल जी से मैंने जाना कि सृजनात्मकता श्रम और अनुशासन के साथ मिलकर ही पूर्णता प्राप्त करती है। वह योजना बनाकर लिखते और एक-एक किताब पर ख़ूब मेहनत करते।

बाद में नवल जी वहाँ से थोड़ी दूर गुलबी घाट के एक मकान में चले गये। वहाँ भी मैं उनसे मिलने जाता था, लेकिन वहाँ *सुमति पथ* वाले मकान जैसी बैठकी फिर नहीं लग पायी या लगती भी होगी तो मैं उसका हिस्सा नहीं रहा क्योंकि मैं दिल्ली चला आया।

राजकमल की शाम

बाद में नवल जी *राजकमल प्रकाशन* में नियमित रूप से बैठने लगे और वह भी एक अड्डे के रूप में परिवर्तित हो गया। वहाँ गोपश्वर सिंह और तरुण कुमार नियमित आते थे। अनियमित आने वालों में हृषिकेश सुलभ, परवेज अख्तर, अवधेश प्रीत, नचिकेता, सुरेंद्र स्निग्ध आदि थे। मैं भी एक समय वहाँ की चर्चा में नियमित रूप से शामिल होता था। बाहर से आने वाले कई लेखक सीधे वहीं पहुँच जाते थे। लेखकों की बातचीत में प्रकाशन के व्यवस्थापक सत्येंद्र सिन्हा भी शामिल रहते थे, चूँकि वह भी साहित्यिक अभिरुचि वाले हैं। साहित्य जगत की हरेक ख़बर उनके पास रहती थी। यहाँ कई वरिष्ठ पत्रकार भी आया करते थे। *नवभारत टाइम्स* के पटना संस्करण के संपादक अरुण रंजन भी वहाँ अकसर आते थे। वहाँ एक फ़ायदा यह था कि मैं बहुत सारी किताबें बैठे-बैठे ही पढ़ लेता था। छात्र जीवन में बहुत किताबें ख़रीदना संभव नहीं था। वहाँ जाते हुए सत्येंद्र सिन्हा से एक आत्मीय रिश्ता बन गया। मैं राजेंद्र नगर स्थित उनके घर आने-जाने लगा।

बंदरबगीचा में नीतीश

बाद में जब सत्येंद्र सिन्हा ने मौर्य कॉम्प्लेक्स के नज़दीक बंदरबगीचा में *जिज्ञासा प्रकाशन* खोला तो वह भी एक प्रमुख साहित्यिक अड्डे के रूप में विकसित हुआ। वहाँ विद्यानंद सहाय अकसर मौजूद रहते। वहाँ *राजकमल प्रकाशन* की तुलना में ज़्यादा भीड़ उमड़ती। लेखकों के अलावा कुछेक पत्रकार और राजनेता भी आया करते।

पत्रकारों में जुगनू शारदेय और राजनेताओं में वशिष्ठ नारायण सिंह से मुलाक़ात मुझे याद है। उसी परिसर में कभी-कभार गोष्ठियाँ भी हुआ करती थीं। एक बार नीतीश कुमार ने लेखकों के साथ यहाँ बैठक की थी, जिसमें शिवानंद तिवारी भी आये थे। वे उन दिनों नीतीश के साथ थे। उस समय नीतीश समता पार्टी की अगुआई कर रहे थे और उन्होंने भाकपा (माले) के साथ गठबंधन भी किया था।

हमारा बेदीन क्लब

बाद में कुछ युवा पत्रकारों का एक अड्डा स्वतः विकसित हो गया था। यह 1994 की बात है। वर्षों पहले बंद हो गये *पाटलिपुत्र टाइम्स* का प्रकाशन उस साल फिर शुरू हुआ। मैं, कमलेश (कथाकार), कुमार मुकुल (कवि), रत्नेश्वर (उपन्यासकार और पटना पुस्तक मेला के संयोजक-प्रवक्ता), क्रांति भट्ट (अभिनेत्री), अंजनी तिवारी (पत्रकार) आदि उससे जुड़े। अंजनी तिवारी का घर वहाँ से थोड़ी ही दूरी पर पीरमुहानी में था। हम सब लोग वहाँ अकसर मिलते-बैठते। यह अड्डेबाजी तब और बढ़ गयी जब एक दिन अचानक *पाटलिपुत्र टाइम्स* के बंद होने की घोषणा हुई। हम सब एक झटके में बेरोजगार हो गये। फिर अंजनी तिवारी के घर उठना-बैठना बढ़ गया। मैंने मज़ाक़ में उसका नाम दिया – बेदीन क्लब। लेकिन जब धीरे-धीरे हम सब फिर व्यस्त होने लगे तो यह बैठकी ख़त्म हो गयी। बहुत बाद में पता चला कि वहाँ कभी-कभार सुपर थर्टी वाले आनंद कुमार भी आया करते थे। उन दिनों आनंद कुमार की पहचान नहीं बनी थी और हममें से ज़्यादातर उन्हें नहीं जानते थे।

वैसे कई अनियमित बैठकियाँ लगती रहती थीं। जैसे खगेंद्र ठाकुर के यहाँ भी लेखकों का आना-जाना लगा रहता था। आलोकधन्वा के घर भी अकसर समूहों में लेखक पहुँचते और साहित्यिक चर्चा हुआ करती थी। उन दिनों सीनियर-जूनियर का बहुत भेद नहीं था। अकसर कोई वरिष्ठ रचनाकार भी किसी एकदम नये लेखक के घर पहुँच सकता था। जैसे एक दिन अचानक मेरे घर गीतकार नचिकेता आ पहुँचे। वह मेरे एक मित्र को साथ लेकर आये थे। मैं चौंक गया। नचिकेता जी ने बताया कि उन्होंने मेरी कविताएँ कुछ जगहों पर पढ़ी हैं इसलिए मिलने के सिए उत्सुक थे। इसी तरह एक दिन *समकालीन जनमत* के प्रधान संपादक और विचारक महेश्वर मेरे घर आ

गये। एक बार उस समय के युवा कवि-कथाकार विजय कुमार तिवारी ने मुझे बताया कि नंदकिशोर नवल उनकी एक कहानी के लिए बधाई देने उनके घर पहुँच गये थे। आज शायद पटना में इसकी कल्पना भी नहीं की जा सकती।

गप, गोष्ठी और गतिविधियाँ

एक समय प्रेरणा नाट्य संस्था का कार्यालय रंगकर्मियों और बौद्धिकों का एक बड़ा अड्डा हुआ करता था। 1990 से 2005 तक वहाँ काफी हलचल रही। यह गांधी संग्रहालय के पूरब में था। अब तो उसका अस्तित्व ही समाप्त हो गया है। वह जिस मकान में था, वहाँ अब ज्ञान भवन बन गया है। एक समय प्रेरणा के अलावा अन्य कई नाट्य संस्थाओं के लोग वहाँ रिहर्सल करते थे। इसके अलावा अनेक तरह के कार्यक्रम आयोजित होते थे।

उन दिनों पटना इप्टा काफी सक्रिय हुआ करता था। नाटकों के प्रदर्शन के अलावा वह अन्य कई छोटे-बड़े कार्यक्रम किया करता था। बीएम दास रोड में मैत्री शांति भवन में उसने कई गोष्ठियाँ की थीं। आर्य कुमार रोड में शिक्षक संघ के दफ़्तर में इप्टा की टीम रिहर्सल करती थी।

इसी तरह जन संस्कृति मंच का एक दफ़्तर पहले एसपी वर्मा रोड के मदनधारी भवन में हुआ करता था। मंच से संबद्ध *हिरावल* के लोग लोहानीपुर में रिहर्सल किया करते थे। उन्होंने मेरे एक नाटक *बेरोजगार एक्सप्रेस* का प्रदर्शन किया था। लोहानीपुर में अनिल अंशुमन, अतिरंजन, महानंद अकसर मिलते थे। वैसे जन संस्कृति मंच का एक विस्तारित अड्डा संतोष चंदन का घर भी बन गया था। संतोष का घर चिड़ैयांटाँड़ के ख़ासमहल में है। यह उसका पैतृक घर है, जो आकार में ख़ासा बड़ा है, जिसके एक हिस्से में किरायेदार रहा करता था, जबकि दूसरे हिस्से में संतोष और उसका छोटा भाई रहा करते थे। तब दोनों युवा थे और अविवाहित भी, सो उस घर में कई लोगों का बेरोकटोक आना-जाना लगा रहता। ख़ासकर मेरी, इरफान और संतोष की लंबी-लंबी बैठकी लगती और दुनिया-जहान पर बातें होतीं। जसम के कई और लोग भी आते।

इसी तरह बोरिंग रोड में 'समन्वय' बना, जिसने कई महत्त्वपूर्ण आयोजन कराये।

दिल्ली में रहना शुरू करने के बाद पटना जाने पर एक बार समन्वय ने मेरा काव्यपाठ कराया था।

ब्रिटेन वाला पटना

एक पटना ब्रिटेन में भी है। बिहार की राजधानी पटना के लोग भले ही उस ब्रिटिश पटना को न जानें पर उस पटना के लोग बिहार वाले पटना को बखूबी जानते हैं। वह पटना दरअसल एक गाँव है, जो स्कॉटलैंड के सबसे बड़े शहर ग्लास्गो के पास, ईस्ट एयरशायर काउंसिल में लंदन से साढ़े छह सौ किलोमीटर दूर है। यह शांति, सौंदर्य और स्वच्छ पर्यावरण के लिए प्रसिद्ध है। वहाँ की आबादी महज तीन हज़ार होगी। कुछ साल पहले वहाँ भी बिहार दिवस मनाया गया था, जिसमें भारतीय उच्चायुक्त वाई.के.सिन्हा मुख्य अतिथि थे। सिन्हा साहब पटना के ही हैं।

इतिहासकार जॉन मूर ने 1972 में प्रकाशित अपनी किताब *जेंट्ली फ्लोज़ दि दून* में इसके बारे में विस्तार से बताया है। पटना गाँव 1802 में विलियम फुलर्टन ने बसाया था। विलियम फुलर्टन के पिता जॉन फुलर्टन 1744-66 के बीच ईस्ट इंडिया कंपनी की सेना में मेजर जनरल के रूप में पटना में कार्यरत थे। विलियम के चाचा भी ईस्ट इंडिया कंपनी की सेवा में थे। वे कोलकाता के फोर्ट विलियम में सर्जन रह चुके थे।

मूल रूप से कृषि विशेषज्ञ विलियम का जन्म पटना में 1774 में हुआ था। उनका बचपन पटना में ही बीता। वह 1802 में स्कॉटलैंड आ गये और यहाँ खदानों का धंधा शुरू किया। इस क्षेत्र में कोयले और चूने का भंडार था। उसी साल उन्होंने खदान में काम करने वाले श्रमिकों के लिए एक गाँव बसाया और अपनी जन्मस्थली के नाम पर इसका नाम पटना रखा । उन्होंने गाँव के बीचोंबीच बहने वाली दून नदी पर एक पुल भी बनवाया, जिसका नाम रखा-पटना ओड ब्रिज। दून नदी के किनारे ही स्कॉटलैंड के राष्ट्रीय कवि कहे जाने वाले रॉबर्ट बर्न्स का जन्मस्थान है, जिन्होंने इसी नदी को केंद्र में रखकर 220 साल पहले एक लोकगीत लिखा था जो आज भी लोकप्रिय है।

यहाँ पटना चर्च, पटना यूथ ग्रुप, पटना कम्युनिटी सेंटर, पटना गोल्फ क्लब और

पटना प्राइमरी स्कूल भी है। इस गाँव में पटना रेलवे स्टेशन भी था, जो 1964 के बाद अस्तित्व में नहीं रहा। अब यहाँ खदानें बंद हो चुकी है। लोगों ने ऊन का उत्पादन और पशुपालन शुरू कर दिया है। कई लोग रोजगार की कमी की वजह से दूसरी जगह नौकरी के लिए पलायन करने लगे हैं।

3. सवालों का ब्लैकहोल

बोल कि लब आज़ाद हैं तेरे

हाल के वर्षों में पटना की सड़कों पर जो बड़ा बदलाव देखने को मिला है, उसे नज़रअंदाज़ करना मुश्किल है। यह है सड़कों पर महिलाओं की उपस्थिति। नब्बे के आसपास के वर्षों में सड़कों पर स्त्रियों की इतनी मौजूदगी दिखायी नहीं देती थी। अब सड़क पर औरतें पुरुषों के बराबर या कई बार उनसे ज़्यादा ही दिखती हैं। सबसे पहले तो हर अहम चौराहे पर ट्रैफिक पुलिस की ड्यूटी निभा रही महिलाओं को देखना सुखद है। यही नहीं एटीएम के गार्ड के रूप में भी बड़ी संख्या में महिलाएँ ही दिखायी देती हैं। कुछ लोगों ने बताया कि अग्निशमन दस्ते में भी मुख्यतः महिलाएँ ही हैं। पुलिस गश्ती दल 'डॉल्फिन मोबाइल' में भी महिलाएँ अच्छी-ख़ासी संख्या में रहती हैं।

ऐसा इसलिए हो सका है कि बिहार पुलिस में महिलाओं को 35 आरक्षण प्राप्त है। आरक्षण से स्थितियाँ बदली हैं। लेकिन एक या दो दशक पहले तक महिलाओं का पुलिस जैसी सेवा में आना संभव ही नहीं था। उन्हें परिवार से इसके लिए छूट नहीं मिलती थी। लड़कियाँ ज़्यादा से ज़्यादा शिक्षा के क्षेत्र में आ सकती थीं। एक छोटा तबक़ा मेडिकल में आता था। पहले तो लड़कियों का इंजीनियरिंग जैसे क्षेत्र में आना भी एक असाधारण बात समझी जाती थी। मुझे याद है मेरे एक रिश्तेदार की बेटी ने जब आईआईटी प्रवेश परीक्षा पास की तो हमारे परिवार में यह चर्चा हो रही थी कि आख़िर वह इंजीनियर बनकर कैसे काम कर पायेगी।

नब्बे तक तो औसत मध्यवर्गीय परिवार अपनी लड़कियों को ज़्यादा पढ़ाने तक से डरता था, यह सोचकर कि ज़्यादा पढ़ लेने से इसकी शादी नहीं हो पायेगी। अधिकतर परिवार अपनी लड़कियों को ग्रेजुएशन तक पढ़ा कर उनकी शादी कराकर निश्चिंत हो लेना चाहता था। नौकरी करने का फ़ैसला उनकी ससुराल पर टाल दिया जाता था।

लेकिन अब जबकि लड़कियाँ अनिवार्यतः कोई न कोई काम कर रही हैं, तो यह इस बात का सूचक है कि समाज का हर तबक़ा लड़कियों के मामले में उदार हुआ है। लेकिन बात सिर्फ़ यही नहीं है, बात यह भी है कि लड़कियों में एक नयी चेतना आयी है और उन्होंने अपने स्पेस के लिए लड़ना भी सीख लिया है।

महिलाओं के अधिकारों को लेकर संघर्ष करने वाली सामाजिक-राजनीतिक कार्यकर्ताओं का कहना है कि अब महिलाओं में काफी जागरूकता आयी है। गली-मोहल्ले में किसी भी घटना को लेकर औरतें पहले चुप रह जाया करती थीं। लेकिन अब वे बोलने लगी हैं। अपने साथ हुए किसी भी तरह के अन्याय को लेकर वे सामने आती हैं। हाल के वर्षों में महिलाओं के सवालों पर कई आंदोलन पटना समेत पूरे बिहार में हुए हैं।

मुजफ्फरपुर शेल्टर होम को लेकर हुआ आंदोलन इनमें सबसे बड़ा रहा। इसके अलावा लॉकडाउन के दौरान महिलाओं की कर्ज़ माफ़ी का मामला भी उठा। कई महिलाओं ने छोटे-मोटे काम-धंधे के लिए अनेक निजी संस्थाओं से क़र्ज़ ले रखा है। उस ऋण की माफ़ी और ऋणों के संबंध में कोई निश्चित नीति बनाने को लेकर संघर्ष हुआ।

अब शादी के बाद मायके की प्रॉपर्टी में अपने हिस्से को लेकर भी महिलाएँ सचेत हुई हैं और इस संबंध में किसी तरह के भेदभाव और अन्याय के ख़िलाफ़ वे संघर्ष करती हैं। कार्यकर्ताओं का कहना है कि महिलाओं के लगातार चल रहे आंदोलनों ने ही सरकार पर दबाव बनाया और वह अनेक क्षेत्रों में महिलाओं को आरक्षण देने के लिए मजबूर हुई। शराबबंदी जैसा कदम भी इसी दबाव की वजह से उठाया गया।

आज पटना में स्त्रियाँ परंपरागत पेशों से हटकर नये पेशे अपनाने में जरा भी संकोच नहीं कर रही हैं। आप पटना हवाई अड्डे पर उतरेंगे तो अनेक महिला ऑटो ड्राइवर आपको मिलेंगी। शुरू-शुरू में इन्हें कई तरह की परेशानियाँ झेलनी पड़ीं लेकिन अब ये अपने इस नये काम के साथ सहज हो गयी हैं। सफ़ाईकर्मी बड़ी संख्या में महिलाएँ हैं। नगर निगम के ई-रिक्शे औरतें ख़ूब चलाती हैं। लॉकडाउन के दिनों में महिलाएँ ठेले पर सब्ज़ी बेचती दिखीं। जाहिर है, अब वे अपने घेरे से बाहर निकल

रही हैं और अपना रास्ता ख़ुद चुन रही हैं, आत्मनिर्भर बन रही हैं। यह पटना के समाज के लिए नयी बात है।

पटना का शाहीन बाग़

जिन दिनों दिल्ली के शाहीन बाग़ में नागरिकता संशोधन क़ानून और एनआरसी के ख़िलाफ़ महिलाएँ धरने पर बैठी थीं, उन्हीं दिनों पटना के सब्ज़ीबाग़ की महिलाओं ने भी इन क़ानूनों के विरोध में अपनी आवाज़ बुलंद की। ऐसा लगा कि दिल्ली का शाहीन बाग़ पटना में उतर आया है। शाहीन बाग़ की महिलाओं की तरह सब्ज़ीबाग़ की महिलाओं ने भी भारी ठंड और शीतलहर में अपना हौसला बनाये रखा।

पटना जनसंघर्षों की ज़मीन रहा है। तरह-तरह के संघर्ष शहर के लोगों ने देखे हैं, पर यह अपने आप में अनूठा था। शहर के लिए यह एक नयी बात थी। जो मुस्लिम महिलाएँ अपने घर से बाहर भी कम ही निकलती थीं, वे फ़ौलादी इरादे लिए सत्ता को चुनौती दे रही थीं। वैसे इन मुस्लिम महिलाओं के साथ सभी जाति-धर्म की महिलाएँ और तरक़्क़ीपसंद पुरुष विरोध प्रदर्शन में शामिल थे। यह स्वाभाविक ही था क्योंकि यह मोहल्ला ही मिली-जुली संस्कृति और सद्भाव का एक प्रतीक रहा है।

मुस्लिम बहुल यह इलाक़ा पटना का एक प्रमुख बाज़ार है। जो फल कहीं नहीं मिलते, यहाँ मिलते हैं। ड्राई फ्रूट्स के लिए तो लोग दूर-दूर से चले आते हैं। सब्ज़ीबाग़ जैसा कुर्ता-पायजामा शायद ही पटने में कहीं और मिलता हो। होम्योपैथिक दवाओं का भी यह एक बड़ा केंद्र हैं। इसके अलावा पारंपरिक बर्तन भी यहाँ मिलते हैं। सभी तरह के धार्मिक ग्रंथ यहाँ की दुकानों पर बिकते हैं। शादी का सारा सामान यहाँ मिल जायेगा। और कहीं भटकने की ज़रूरत ही नहीं। त्योहारों के दौरान हिंदू देवी-देवताओं को पहनाये जाने वाले वस्त्र भी यहीं से पूरे शहर में जाते हैं, फिर चाहे वह सरस्वती पूजा हो, विश्वकर्मा पूजा हो या दुर्गा पूजा।

बहरहाल मोहल्ले की महिलाओं का विरोध-प्रदर्शन बेहद अनुशासित और सुव्यवस्थित था। हर उम्र और हर वर्ग की महिलाएँ वहाँ मौजूद थीं। किसी ने हिजाब पहन रखा था, किसी ने बुरका और कइयों के चेहरे खुले थे। कई महिलाएँ तो गोद में

बच्चे लिए प्रदर्शन कर रही थीं। इन्होंने ही सारी व्यवस्था सँभाल रखी थी। ये जिस तरह से ट्रैफिक कंट्रोल कर रही थीं, लोगों से संवाद कर रही थीं, वह सब एक मिसाल बन गया है। यहाँ आधी सड़क राहगीरों और गाड़ियों के आने-जाने के लिए छोड़ दी गयी थीं और आधे को बाँस से घेरकर कुर्सियाँ लगायी गयी थीं। आयोजक इस बात को लेकर सचेत थे कि सड़क पर आवाजाही न रुके इसलिए उन्होंने घेरे के बाहरी किनारे पर किसी को खड़ा नहीं होने दिया।

प्रदर्शन स्थल को नारे लिखे प्लेकार्ड, बैनर और पोस्टरों से सजाया गया था, जिनमें सीएए को वापस लेने की अपीलें और सरकार विरोधी नारे लिखे थे। प्रदर्शन का बाज़ार पर कोई असर नहीं पड़ने दिया गया। दोनों एक-साथ चल रहे थे। सभी दुकानें खुली हुई थीं। दुकानों पर ग्राहक भी दिख रहे थे। आयोजक इस बात को लेकर मुस्तैद थे कि उनकी वजह से किसी को परेशानी न हो।

सब्ज़ीबाग़ की महिलाओं के हौसले तोड़ने की कोशिशें भी हुईं। कभी पुलिस की धमकी के ज़रिए और कभी सांप्रदायिक ताक़तों की अफ़वाहों और मनगढ़ंत ख़बरों के ज़रिए लेकिन इन महिलाओं ने हर साज़िश को नाकाम कर दिया। पूरे शहर ने ऐसा विरोध प्रदर्शन हाल के वर्षों में शायद ही देखा था। इसे देखकर बहुत से बुज़ुर्गों को संपूर्ण क्रांति की याद आ गयी। 1974 के जेपी आंदोलन के समय भी सब्ज़ीबाग़ आंदोलन का प्रमुख अड्डा हुआ करता था। लालू से लेकर नीतीश तक कई बार यहाँ से प्रोटेस्ट मार्च निकाल चुके हैं।

इन महिलाओं को जीत मिली या हार, यह प्रश्न बहुत मायने नहीं रखता। एक बात तो तय है कि इस विरोध प्रदर्शनों में शामिल हर औरत के भीतर एक नयी औरत आ खड़ी हुई है, जिसने तमाम रिवायतों को पीछे छोड़ दिया है और ज़िन्दगी को एक नयी रोशनी में देख रही है। धरने के दौरान किसी ने कहा ही था कि अच्छा हुआ गृहमंत्री अमित शाह यह नागरिकता संशोधन क़ानून ले आये, इससे सोयी हुई क़ौम को जागने का मौका मिल गया।

सरगम और वुमनिया

पटना शहर में ही नहीं, शहर के आसपास के क़स्बों-गांवों में भी महिलाओं में

एक नयी चेतना आयी है। वे अब अपनी ज़िन्दगी बदलने के लिए हर तरह के कदम उठा रही हैं। दानापुर में ढिबरा गाँव की महिलाओं ने 'सरगम' नामक बैंड बनाया है, जो शादी एवं अन्य सार्वजनिक कार्यक्रमों में शिरकत करता है। इस बैंड ने इसमें शामिल महादलित समुदाय की इन महिलाओं को एक विशेष पहचान दी है और उनमें आत्मविश्वास का संचार किया है। यह बैंड 'नारी गूंज' नामक एनजीओ की संचालक सुधा वर्गीज़ की पहलकदमी से बना।

इन महिलाओं के साथ कई तरह की गतिविधियों में शामिल होते हुए सुधा वर्गीज़ को 2016 में पहली बार बैंड बनाने का ख़याल आया। जब उन्होंने महिलाओं के सामने यह प्रस्ताव रखा तो महिलाओं ने शुरू में हिचक दिखायी फिर किसी तरह उन्हें तैयार किया गया।

बैंड बनने के बाद के कुछ महीने इस समूह के लिए कठिन थे। एक ओर जहाँ गाँव वालों का उपहास झेलना पड़ रहा था कि वे पुरुषों जैसा बनना चाहती हैं, वहीं दूसरी ओर गले में ढोल लटकाने और इसे लगातार बजाने से उनकी हथेलियों तथा कंधों में भी दर्द रहने लगा। लेकिन धीरे-धीरे महिलाएँ इससे उबरने लगीं। महिलाओं के इस अनोखे बैंड की ख़बर जैसे ही फैलनी शुरू हुई, स्थानीय प्रोग्रामों में ढोल बजाने के लिए निमंत्रण का उनके पास ढेर लग गया। तभी से वे दूर-दूर के क्षेत्रों का सफ़र करने लगी हैं।

पटना और उसके आसपास के ज़िलों में ढोल बजाने के अलावा इस बैंड ने ओडिशा तथा दिल्ली में भी अपना शो किया है। राजधानी दिल्ली का सफ़र उनके लिए बेहद खुशनुमा रहा, जहाँ बैंड की सभी महिलाओं को जीवन में पहली बार मेट्रो रेल में बैठने का अवसर मिला।

तीस साल की औसत उम्र वाली ये महिलाएँ खेतों में मज़दूरी करती हैं। वे अपने पैसे तथा काम का प्रबंधन स्वयं करती हैं। पैसे उनके बीच बराबर-बराबर बाँटे जाते हैं लेकिन अगर कोई काम से हाथ खींच ले, तो उसे पैसे नहीं दिये जाते। ज़्यादा काम मिलने पर वे ज़्यादा अभ्यास करती हैं, कम काम रहने पर कम। आम तौर से ये खेतों में अभ्यास करती हैं, ताकि गाँव वालों को परेशानी न हो। इन्होंने अपने विज़िटिंग कार्ड बना रखे हैं। यह तय किया गया है कि बैंड की सभी महिलाएँ साफ़-सुथरे कपड़े पहनेंगी

तथा बिजनेस की कोई भी बात केवल ग्रुप लीडर सविता ही करेंगी।

इसी तरह का एक और बैंड पटना की लड़कियों ने बनाया है जिसका नाम है – वुमनिया म्यूजिकल बैंड। इसमें शामिल सभी 15 लड़कियाँ रंगमंच से जुड़ी हुई हैं। ये हारमोनियम, ढोल, नाल, झाल तथा डफली बजाने में माहिर हैं, साथ ही नृत्यकला में भी निपुण हैं। इनका मकसद अपने दम पर समाज में अपनी पहचान बनाना और आर्थिक रूप से आत्मनिर्भर बनना है। जन्मदिन पार्टी से लेकर शादी ब्याह तक के लिए यह बैंड उपलब्ध है। इसकी शुरुआत रंगकर्मी रूबी खातून ने की लेकिन देखते ही देखते बाकी लड़कियाँ इससे जुड़ गयीं। ये लड़कियाँ शिक्षा में भी किसी से कम नहीं हैं। कोई एमए है तो कोई संगीत से ग्रेजुएट। इस तरह पुरुषों के वर्चस्व वाले एक और क्षेत्र में उन्होंने अपनी जगह सुनिश्चित की है।

सैनिटरी नैपकिन बैंक

पटना की अमृता सिंह और पल्लवी सिन्हा ने महिलाओं के लिए सैनिटरी पैड का एक बैंक बनाकर लाखों महिलाओं को राहत दी है। पीरियड्स के दौरान हाइजीन का ख़याल नहीं रखने से अनेक औरतें गर्भाशय के कैंसर और अन्य बीमारियों का शिकार हो जाती थीं पर अमृता और पल्लवी ने किशोरियों से लेकर बुज़ुर्ग महिलाओं को नया रास्ता दिखाया। उनकी निरंतर कोशिशों का नतीजा है कि आज बिहार के 20 जिलों में यह बैंक सुचारू रूप से काम कर रहा है।

इस पैड बैंक के लिए महिलाओं का बाकायदा अकाउंट खुलता है और महिलाओं को पासबुक भी दिया जाता है। हर महीने इसी पासबुक से महिलाओं को सैनिटरी पैड दी जाती है। इसके अलावा महिलाओं को शी केयर हेल्थ कार्ड से फ्री काउंसलिंग भी दी जाती है। अमृता और पल्लवी ने लॉकडाउन के दौरान बैंक को घर-घर तक पहुँचाया मोबाइल पैड बैंक बनाकर। चूँकि उस दौरान घर से निकलना मुश्किल था, इसलिए इन्होंने घर-घर जाकर पैड पहुँचाना शुरू किया। शहर के विभिन्न इलाकों में गाजे-बाजे के साथ दो महिलाएँ ऑटो से पहुँचती थीं और ज़रूरत के हिसाब से पैड देती थीं। अब यह मोबाइल बैंक महिलाओं के बीच काफी प्रचलित हो गया है। लोग ऑर्डर देकर इन्हें बुलाते हैं। इसकी ख़ासियत है कि ऑटो में ड्राइवर भी महिला हैं और

पैड देने वाली भी महिला ही। महिलाएँ अपनी ज़रूरत के अनुसार पैड चुनने में सहज महसूस करती हैं। इसलिए उन्हें यह काफी पसंद आ रहा है।

अपने अभियान की शुरुआत में अमृता और पल्लवी को कई चुनौतियों का सामना करना पड़ा। गाँव की दुकानों में दुकानदार इसलिए पैड नहीं रखते थे क्योंकि वहाँ पूजा की सामग्री बिकती है। ऐसे में पैड उपलब्ध कराने के लिए पैड बैंक औरतों के लिए बेहद कारगर सिद्ध हुआ। अमृता और पल्लवी ने 2 साल तक फ्री में पैड बाँटे, फिर इन्होंने सस्ते में पैड देना शुरू किया। बाज़ार में जहाँ पैड 35-40 रुपये में मिलने शुरू होते हैं, वहीं इनका पैड 5 रुपये में आ जाता है। इनके प्रयासों से पटना रेलवे जंक्शन और कुछ कॉलेजों में पैड वेडिंग मशीन लगायी गयी।

किन्नर महोत्सव और गरिमा गृह

किन्नर महोत्सव पटना के नियमित सांस्कृतिक आयोजनों में शामिल हो गया है। हर साल देश भर से ट्रांसजेंडर समुदाय के सैकड़ों लोग पटना आते हैं और इस महोत्सव में अपनी कला का प्रदर्शन करते हैं, अपने विचार व्यक्त करते हैं, अपनी माँगें बुलंद करते हैं। यह आयोजन समाज में उनके लिए धीरे-धीरे बन रहे स्पेस का परिचायक है। पटना का थर्ड जेंडर या ट्रांसजेंडर समुदाय अपने लिए गरिमापूर्ण जीवन की माँग के साथ संघर्षरत है और यह लड़ाई अब रंग ला रही है। सरकार ने उन्हें कई सहूलियतें दी हैं और उनके लिए कई योजनाएँ भी शुरू की हैं।

पटना में किन्नरों के लिए एक नया शब्द चलन में आया है – मंगलामुखी। यह भी थर्ड जेंडर को मुख्यधारा में स्वीकृति और सम्मान देने की कोशिश है। इस नाम के पीछे मान्यता यह है कि हर शुभ कार्य की शुरुआत थर्ड जेंडर के मंगलगान से शुरू होती है इसलिए इन्हें मंगलामुखी कहा जाये।

2020 के बिहार विधानसभा चुनाव में पहली बार थर्ड जेंडर के एक प्रतिनिधि ने मतदान केंद्र पर पीठासीन पदाधिकारी के रूप में कमान संभाली। वह हैं मोनिका दास। मोनिका दास देश की पहली ट्रांसजेंडर बैंकर हैं। उनके अधिकारी उनके काम की बड़ी तारीफ़ करते हैं।

पूरे बिहार के ट्रांसजेंडर के लिए संघर्ष की अगुआई रेशमा प्रसाद ने अपने संगठन

'दोस्ताना सफर' के ज़रिये की है। रेशमा प्रसाद का संघर्ष थर्ड जेंडर के लिए तो है ही, उन्होंने स्त्रियों से जुड़े ज़रूरी सवालों को भी उठाया है। कमज़ोर और बेसहारा लड़कियों को शिक्षा उपलब्ध कराने से लेकर कन्या भ्रूण हत्या के ख़िलाफ़ उन्होंने मुहिम चलायी है। उन्होंने ग़रीबों की बस्तियों में अनेक कार्यक्रम शुरू कराये।

रेशमा प्रसाद ने 'नाच बाजा डॉट कॉम' के रूप में देश का पहला ट्रांसजेंडर स्टार्टअप शुरू किया है। 'नाच बाजा डॉट कॉम' एक वेबसाइट है, जिसके ज़रिए देश भर के लोग अपने यहाँ शादी-ब्याह, जन्मदिन, गोद भराई जैसे घरेलू उत्सवों के लिए ट्रांसजेंडर समुदाय को आमंत्रित करते हैं और अपने यहाँ उनका कार्यक्रम कराने के लिए ऑनलाइन बुकिंग कर लेते हैं। प्रोग्राम से मिलने वाली राशि में से सौ रुपये 'नाच बाजा डॉट कॉम' को दिये जाते हैं।

वर्ष 2017 में बिहार के उद्योग विभाग ने रेशमा प्रसाद के संगठन 'दोस्ताना सफर' को यह स्टार्टअप शुरू करने के लिए 10 लाख रुपये का अनुदान दिया था। दिल्ली में आयोजित स्टार्टअप एक्सपो के 400 स्टॉलों के बीच रेशमा के इस स्टार्टअप ने निवेशकों को हैरत में डाल दिया।

'नाच बाजा डॉट कॉम' से बिहार, उत्तर प्रदेश, दिल्ली सहित दक्षिणी राज्यों के अच्छे शास्त्रीय गायक, नृत्यांगना से लेकर वाद्य यंत्र बजाने वाले हजारों कुशल ट्रांसजेंडर जुड़ चुके हैं। इसके माध्यम से उन्हें सैकड़ों उत्सवों तक सीधे पहुँच जाने का अवसर मिल रहा है।

सुविधा और सम्मान का केंद्र

ट्रांसजेंडर समुदाय को जीवन की ज़रूरी सहूलियतें और आगे बढ़ने के अवसर उपलब्ध कराने के लिए पटना में एक 'गरिमा गृह' बनाया गया है। गरिमा गृह में 18 से 60 साल तक की उम्र के ट्रांसजेडर रह सकेंगे।

इस गृह में कुल 17 कमरे हैं। इनमें से नौ रहने के लिए जबकि बाकी कमरे अलग-अलग गतिविधियों के लिए हैं।

यहाँ उनकी पढ़ाई की व्यवस्था की गयी है। उन्हें रोजगार संबंधी प्रशिक्षण देने और आजीविका उपलब्ध कराने के लिए एक अधिकारी की नियुक्ति की गयी है।

महिलाओं और थर्ड जेंडर की लड़ाई अभी बहुत लंबी है। अभी उन्हें और भी बहुत कुछ हासिल करना है। अच्छी बात यह है कि शहर का एक तबक़ा पूरी तरह उनके साथ है।

आकाश में पटनियाँ उड़ान

पटना हवाई अड्डा देश के सबसे छोटे हवाई अड्डों में से है। मैं पहली बार 1984 या 85 में हवाई अड्डा गया था, जब हमारे मोहल्ले के एक भैया हमलोगों को एक मिनी बस में बिठाकर वहाँ ले गये थे। पहले तो यही सस्पेंस बना रहा कि हमलोग क्यों जा रहे हैं। दरअसल वो भइया राजनीति में सक्रिय थे और उस दिन युवा कांग्रेस के नेता का चुनाव होना था। दिल्ली से कुछ नेता आने वाले थे, यह चुनाव कराने के लिए। हमारे वो भैया किसी स्थानीय नेता के सहयोगी थे। उन्होंने भीड़ जुटाने को कहा था, इसलिए हमलोगों को ले जाया गया। हमारा काम उन नेताओं के लिए नारा लगाना था।

उस समय हवाई जहाज़ का सफ़र आम तौर पर नेता और बड़े अधिकारी ही किया करते थे। या फिर कभी-कभार कुछेक एनजीओ के लोग। बाद में हमलोगों ने एक सेमिनार कराया तो दिल्ली से कुछ वक़्ताओं को हवाई जहाज़ से बुलाया गया। उन्हें रिसीव करने के लिए एक बार फिर हवाई अड्डा आने का सौभाग्य प्राप्त हुआ।

नब्बे के बाद जब एविएशन के क्षेत्र में निजीकरण हुआ और सस्ती एयरलाइंस शुरू हुईं, तब हवाई यात्रा शहर के मध्यवर्ग के दायरे में आ गयी या ये कहें कि मध्यवर्ग उसके दायरे में प्रवेश कर गया। अब निजी विमानन कंपनियों ने तरह-तरह की स्कीमें भी चलायीं ताकि मिडिल क्लास विमान यात्रा का जुगाड़ निकाल ले। यही वह दौर था, जब मिडिल क्लास की आवाजाही भी बढ़ने लगी थी। अब वह अपने बच्चों को बाहर पढ़ने भेजने लगा था, उसके बच्चे पढ़कर दूसरे शहरों या विदेश में नौकरी करने लगे थे। इसलिए जो मध्यवर्ग पहले अपने बच्चों के यहाँ लंबी ट्रेन यात्राएँ करके जाता था, वो अब सस्ती एयरलाइंस में चलने लगा। अब वह तीर्थयात्राएँ करने के लिए भी हवाई जहाज़ लेने लगा या छुट्टियाँ मनाने के लिए भी हवाई जहाज से ही जाने लगा। इस तरह छोटे पटना हवाई अड्डे में हलचल बढ़ने लगी।

पटना हवाई अड्डे का दृश्य बड़ा अद्भुत होता है। मुझे धोती-कुर्ता पहनकर यात्रा

करने वाले लोग सबसे ज़्यादा पटना हवाई अड्डे पर ही दिखायी देते हैं। कई लोग तो कंधे पर गमछा भी रखे रहते हैं। कई विचित्र दृश्य देखने को मिलते हैं। जैसे गर्मियों में कई लोग हाथ में बाँस की टोकरी में या यूँ ही हाथ में लीची के गुच्छे लिये मिल जाएँगे या कोई बड़े झोले या पॉलिथिन में आम लिये। इस तरह के बेडौल और ऊटपटांग सामान को सामान कक्ष में एडजस्ट करना चुनौतीपूर्ण होता है इसलिए केबिन क्रू के सदस्य परेशान दिखते हैं।

हवाई जहाज़ के भीतर पटनियाँ टोन में लोगों को बोलते सुन मज़ा आता है। अकसर इस टोन में अंग्रेजी का इस्तेमाल और रोचकता बढ़ाता है। कई लोग अचानक काफ़ी ज़ोर से किसी को आवाज़ देते हैं या खैनी ठोकते हैं तो विमान यात्रा की सारी संभ्रांतता और अनुशासन मुँह के बल गिरता दिखता है। विमान टेकऑफ करने से पहले तक तो यही लगता रहता है कि हम पटना से मुजफ्फरपुर जाने वाली किसी बस में बैठे हैं।

वैसे पटना से दिल्ली आने वाले जहाज़ कभी खाली नहीं आते। आजकल उनमें विद्यार्थियों की संख्या बढ़ गयी है, ख़ासकर लड़कियों की। दिल्ली में पढ़ने वाली लड़कियों के माँ-बाप उन्हें प्लेन से ही भेजना पसंद करते हैं। यह उन्हें सुरक्षित लगता है और किफ़ायती भी। क्योंकि लड़कियों को छोड़ने के लिए अगर पिता या भाई साथ में आयें तो राजधानी जैसी ट्रेन में दो लोगों का किराया और फिर भाई-पिता के लौटने का किराया मिलाकर बेटी के एयर टिकट से ज़्यादा ही पड़ेगा।

पटना में हवाई यात्री दिन पर दिन बढ़ रहे हैं। पहले कई संपन्न लोग भी हवाई यात्रा से झिझकते थे। उनमें एक डर था कि पता नहीं कौन-कौन कौन सी औपचारिकताएँ निभानी होंगी, अंग्रेजी बोलना होगा। पर अब यह सब झिझक ख़त्म हो रही है। परिवार में एक व्यक्ति को देखकर दूसरा व्यक्ति भी हवाई यात्रा के लिए प्रेरित होता है। एक बार एक सज्जन ने मुझे बताया कि पहले वे भी हवाई यात्रा से डरते थे लेकिन जब उनके साढ़ू का परिवार हवाई जहाज़ से चलने लगा तो वे भी तब से हवाई जहाज़ से आने-जाने लगे।

वैसे इस बदले ट्रेंड में विमान यात्रा पहले की तरह मज़ेदार या शानो-शौकत वाली नहीं रह गयी है। अब जैसे पहले की तरह आपको पानी, कोल्ड ड्रिंक, खाना

और टॉफियों का पैकेट नहीं मिलने वाला। कई प्राइवेट एयरलाइंस में तो पानी पर भी आफ़त है। चार बार माँगेंगे तो मिलेगा। नाश्ता चाहिए तो जेब ढीली कीजिये। सबसे सस्ती चीज भी होती है डेढ़ सौ रुपये की। इसलिए जब नाश्ता आता है तब कई लोग आँखें मूंद लेते हैं या खिड़की से बाहर का नज़ारा देखने लग जाते हैं। वैसे कुछ लोग तो इसलिए कुछ न कुछ खाते ज़रूर हैं ताकि बेइज़्ज़ती न हो जाये।

कैफे कल्चर की शुरुआत

पटना में अन्य शहरों की तरह कैफे कल्चर बहुत तेज़ी से बढ़ रहा है। एक के बाद एक कैफे खुल रहे हैं जहाँ युवाओं की भीड़ उमड़ने लगी है। लोग वहाँ केवल कॉफी पीने या कुछ खाने ही नहीं जाते, बल्कि वहाँ जाकर अपना दफ़्तरी कार्य भी निपटाते हैं। कई कैफे इसके लिए शांत माहौल उपलब्ध करा रहे हैं ताकि बैठकर लोग वहाँ अपने लैपटॉप पर ऑफिस का काम निपटायें। और भी कई गतिविधियाँ वहाँ होने लगी हैं।

कैफे में कई सारे वर्कशॉप, ओपन माइक, मीटिंग भी होती हैं। यहाँ प्रोजेक्टर और साउंड सिस्टम की भी व्यवस्था रहती है। कई कैफे काव्यपाठ, स्टैंटअप कॉमेडी के आयोजन कराते हैं। ओपन माइक काफी लोकप्रिय हो रहा है। जाइये और अपनी कविताएँ पढ़िये या कोई और बात कहिये।

कुछ कैफे तो ऐसे हैं,जिनमें लाइब्रेरी भी है। गार्डन एरिया भी बने हैं, जहाँ छोटे पौधे लगे रहते हैं और आप इन पौधों को ख़रीद भी सकते हैं।

पटना रिपब्लिक

पिछले दिनों पटना में अनोखा अड्डा विकसित हुआ है, जो हर उस शख़्स का है, जो अपने जीवन में कुछ ख़ास करना चाहता है। यह लेखकों का भी है, पत्रकारों का भी है, रंगकर्मियों का भी है और राजनेताओं का भी। यह बेरोज़गारों का भी है और व्यवसायियों का भी। यह सचमुच अजीब जगह है। यह न तो कॉफी हाउस है न कोई होटल, न कोई लाइब्रेरी न कोई क्लब। बस एक दीवार है और उसके आगे एक थोड़ी खुली जगह है। यहाँ न कुर्सी है, न टेबल, न कोई और सुविधा। हाँ, प्लास्टिक के छोटे

से कप में चाय ज़रूर मिलेगी। बस आइये चाय के कप के साथ खड़े हो जाइये और उस चर्चा का हिस्सा बन जाइये जिसका एक छोर तो बिहार में होता है, लेकिन दूसरा कहाँ तक जाता है, कहना मुश्किल है।

ऐसी जगह देश में शायद ही कहीं होगी। पटना के मौर्य कॉम्प्लेक्स का एक हिस्सा हमेशा वैचारिक खदबदाहट से गर्माया रहता है। इस मार्केटिंग कॉम्प्लेक्स में विवेकानंद की मूर्ति के ठीक पीछे की इस जगह को *पटना रिपब्लिक* कहा जाता है। इसे यह नाम कवि और संस्कृतिकर्मी ग़ालिब ख़ान ने दिया है। यहाँ पत्रकार बरखा दत्त, रवीश कुमार और फिल्मकार इम्तियाज़ अली तक पधार चुके हैं क्योंकि यहाँ आकर पता चलता है कि किसी मुद्दे पर पटना का बौद्धिक समाज क्या सोच रहा है। यहाँ ख़बरों के सूत्र मिलते हैं, यहीं से खबरें ब्रेक होती हैं। चुनाव की कवरेज के लिए देश भर के पत्रकारों को यहाँ आना ही पड़ता है क्योंकि यहाँ ख़बरों के पीछे की ख़बरें भी मिलती है। शोधकर्ताओं, ब्लॉगर, यूट्यूबर सभी को यहाँ अपने लिए ख़ुराक मिलती है। शहर के रंगकर्मियों के आपसी संवाद की एक प्रमुख जगह है। कई बेरोज़गार आते हैं और यहाँ की चर्चा में उन्हें किसी नौकरी का पता चल जाता है। कई लोगों को नये कारोबार का सूत्र मिल जाता है। यहाँ दुनिया भर के विषयों पर लंबी-लंबी बहसें भी चलती हैं, जिसमें हर तरह के लोग शामिल रहते हैं। कई बार किसी जुलूस या धरना की शुरुआत के लिए लोग यहाँ जमा होते हैं और उसकी समाप्ति पर यहीं आकर थकान भी उतारते हैं।

जब यह कॉम्प्लेक्स बना था, तब यहाँ पत्र-पत्रिकाओं की दुकानें भी खुलीं। यहाँ एक *अरुणिमा बुक सेंटर* हुआ करता था, जिसमें लेखकों और बौद्धिकों का आना-जाना लगा रहता था। उन्हें एक बार शाम में इस इलाक़े में चक्कर काट लेने की आदत सी पड़ गयी। बाद में उस दुकान के बंद होने पर भी यह आदत छूटी नहीं। उनका आना-जाना और मिलना-जुलना जारी रहा। और धीरे-धीरे यह अड्डा विकसित हुआ। लेकिन इसे बरक़रार रखने के लिए संघर्ष करना पड़ा।

यह शायद पटना में ही संभव है कि एक बौद्धिक-वैचारिक अड्डे के लिए लोग संघर्ष करें। सुपरिचित रंगकर्मी और पत्रकार अनीश अंकुर बताते हैं कि पहले तो

अपराधियों से टकराव हुआ फिर पुलिस से। पुलिस वहाँ नियमित आने वाले लोगों से अनावश्यक पूछताछ करती थी और ज़्यादा देर रुके रहने पर आपत्ति करती थी। लेकिन इसके बावजूद लोग डटे रहे। पुलिस से झड़प होती लेकिन अड्डेबाजी जारी रहती। फिर पुलिस को समझ में आ गया कि ये लोग कुछ अलग ही धातु के हैं, इनसे उलझना ठीक नहीं। इस तरह 2005 से ही यह शहर का बैरोमीटर बना हुआ है। रात आठ बजे के आसपास लोग जुटते हैं और ग्यारह बजे तक जमे रहते हैं। आमतौर पर बीस से पचीस लोग आते हैं लेकिन कई बार यह संख्या सत्तर तक पहुँच जाती है।

यहाँ हर विचार का स्वागत किया जाता है। यहाँ वामपंथी, दक्षिणपंथी, पिछड़ावादी आम्बेडकरवादी, सर्वोदयी सभी समान भाव से आते हैं। लेफ्ट के विधायक यहाँ चक्कर लगा जाते हैं। कहा जाता है कि यहाँ खुफ़िया विभाग वाले भी मँडराते रहते हैं और यहाँ की ख़बरें सीएम हाउस तक पहुँचती हैं।

युवाओं का इंद्रधनुष

यह पटना का सबसे नया साहित्यिक-सांस्कृतिक अड्डा है। इसकी ख़ासियत है कि इसे शहर के युवतर रचनाकारों, पटनियाँ भाषा में कहें तो एकदम खिच्चा लेखकों ने जमाया है। इस शहर की यही तो ख़ासियत है कि हर दौर में एक तरोताजा पीढ़ी साहत्यिक-सांस्कृतिक विरासत को आगे बढ़ाने के लिए तैयार रहती है। इंद्रधनुष की शुरुआत पटना के कुछ तरुण कवि-लेखकों ने एक वेबसाइट के रूप में शुरू की जिसने एक संगठन और अड्डे का रूप ले लिया। इसके सदस्यों ने मिलकर एक छोटा सा फ्लैट किराये पर ले रखा है, जिसमें युवा से लेकर वरिष्ठ कवियों तक के पाठ कराये जाते हैं, फिल्में दिखायी जाती हैं और वहाँ एक छोटी-मोटी लाइब्रेरी भी है।

कठिनाइयों के बावजूद इंद्रधनुष, शहर में अपनी एक अलग जगह बनाने में कामयाब रहा है। इससे दस-ग्यारह लोगों की एक टीम जुड़ी है, जो जिस निष्ठा से काम करती है, वह सुखद है। कॉलेज में पढ़ रहे लोगों से लेकर नौकरीपेशा लोग भी संस्था की जनतांत्रिक संरचना का हिस्सा हैं। इंद्रधनुष की औपचारिक शुरुआत 2018 में हुई और अपने पहले कार्यक्रम में इसने अभिव्यक्ति की आज़ादी पर बात की और वरवरा

राव जैसे बौद्धिकों के साथ हो रहे अन्याय पर आवाज़ उठायी। इंद्रधनुष की प्रतिबद्धता वही है जो एक साहित्यिक संस्था की होनी चाहिए – हाशिये के लोगों की बात और लोगों को जोड़ने का प्रण।

अड्डों ने बनाया नया नागरिक

इन सबके अलावा भी शहर में कई अड्डे हैं। कई ख़त्म हुए तो कई नये विकसित हुए। मैं सबको जानता भी नहीं। पटना में अनेक संगठन, अड्डे बनते रहते हैं और बनते रहेंगे। ये सिर्फ़ वक़्त काटने और अपनी भड़ास निकालने या अपनी थकान निकालने का ज़रिया भर नहीं हैं। इन्होंने एक नयी तरह की नागरिकता विकसित की। इन्होंने नये तरह के नौजवान तैयार किये, जो पारंपरिक सामाजिक ढाँचे में बँधने को तैयार नहीं हैं। उन्होंने अपने करियर, शादी और अपनी विभिन्न सामाजिक भूमिकाओं के बारे में अलग तरह से सोचा। उन्होंने नये जीवनमूल्यों की खोज की। उन्होंने सवाल करना सीखा और दूसरों के लिए लड़ना भी। संभवतः पटना में जितने पूर्णकालिक कार्यकर्ता होंगे उतने कहीं और नहीं। यह अड्डों की ही देन है। एक विचार के साथ जीना इन अड्डों ने सिखाया। इन अड्डों से निकले लोगों की वजह से ही पटना एक प्रो पीपल शहर बना रह पाया है। इसमें कोई दो मत नहीं कि प्रतिगामी ताक़तें भी लगातार मज़बूत हुई हैं, बाज़ार का दबाव भी बढ़ा है। इन दोनों पाटों में पिस कर शहरों ने अपना बहुत कुछ खो दिया है, फिर भी पटना ने अपने को काफ़ी हद तक बचाये रखा है, तो इसके पीछे ये अड्डे ही हैं।

धरोहरों के पक्ष में

इस किताब के लिखे जाने के दौरान ही पटना में एक और आंदोलन हुआ, जो अपने मकसद में सफल रहा। शहर के कुछ लेखकों-कलाकारों, राजनेताओं और छात्रों ने ख़ुदाबख़्श ओरिएंटल पब्लिक लाइब्रेरी के एक हिस्से को तोड़े जाने का ज़बरदस्त विरोध किया। गौरतलब है कि बिहार पुल निर्माण निगम लिमिटेड ने निरंतर बढ़ती ट्रैफिक समस्या को कम करने के उद्देश्य से गांधी मैदान स्थित कारगिल चौक से एनआइटी तक 2.2 किलोमीटर लंबे फ्लाईओवर की एक महत्त्वाकांक्षी योजना

बनायी, जिसके तहत ख़ुदाबख़्श लाइब्रेरी स्थित ऐतिहासिक कर्जन रीडिंग रूम को तोड़ा जाना था। हालाँकि सरकार ने भरपाई के लिए एक नया रीडिंग रूम बनाने की पेशकश की थी, पर धरोहरों के साथ किसी भी तरह की छेड़छाड़ पटना के सांस्कृतिक योद्धाओं को मंज़ूर नहीं है। उन्होंने विकास के नाम पर ऐतिहासिक इमारतों को नष्ट करने की प्रवृत्ति पर ही सवाल उठाया। अपने विरोध को आगे बढ़ाने के लिए नागरिक समुदाय ने 'ख़ुदाबख़्श लाइब्रेरी बचाओ – धरोहर बचाओ संघर्ष मोर्चा' का गठन किया। मोर्चा ने धरोहरों के पक्ष में अपनी आवाज़ बुलंद की, जिसे देश भर के बुद्धिजीवियों का समर्थन मिला।

सरकार के निर्णय के विरोध में लाइब्रेरी की निदेशक शाइस्ता बेदार ने कहा कि कर्जन रीडिंग रूम इस पुस्तकालय का हिस्सा है, जो अत्यंत महत्त्वपूर्ण धरोहर है। उन्होंने इसे बचाने के लिए जिला प्रशासन को चार विकल्प सुझाये, जिससे एलिवेटेड पुल भी बन जायेगा और रीडिंग रूम पर भी आँच नहीं आयेगी। बहरहाल इस विरोध का असर यह हुआ कि सरकार ने कर्जन रीडिंग रूम को तोड़ने का फ़ैसला वापस ले लिया। ख़ुद मुख्यमंत्री ने कहा कि लाइब्रेरी के साथ किसी भी तरह की छेड़छाड़ नहीं होगी। उस स्थान पर फ्लाईओवर की चौड़ाई थोड़ी कम कर दी जायेगी। जाहिर है पटना के सांस्कृतिक योद्धाओं की यह एक बड़ी जीत है। हालाँकि अन्य धरोहरों की रक्षा के लिए अभी और भी संघर्ष करना पड़ सकता है।

राज्य सरकार पटना समाहरणालय के कई भवनों को तोड़कर उनकी जगह नयी इमारतें बनाना चाहती है पर इसका भी विरोध हो रहा है क्योंकि यहाँ डच लोगों के बनाये कई भवन हैं, जो इतिहास के एक ख़ास कालखंड की स्मृति से जुड़े हैं। हाल में कई ब्रिटिश इमारतें भी तोड़ी गयी हैं।

सरकार भले ही यह कहे कि इन इमारतों का कोई सीधा इस्तेमाल नहीं है, लेकिन कोई भी जागरूक समाज अपनी स्मृति को सहेजकर रखता है। इतिहास के न सिर्फ़ सुखद बल्कि दुःखद अध्यायों को भी सँभालता-सँजोता है। यह सिर्फ़ वर्तमान के लिए नहीं बल्कि भविष्य के लिए भी ज़रूरी होता है। स्मृति से कटा हुआ नागरिक समुदाय किसी भी सत्ता को बहुत पसंद आता है क्योंकि ऐसे लोग आँख मूँदकर किसी भी आदेश का पालन करने और किसी भी ढाँचे में ख़ुद को समा लेने के लिए तैयार रहते

हैं। संयोग से पटना का एक बड़ा तबक़ा अपनी स्मृति को दाँव पर लगाने के लिए तैयार नहीं है। उसे अपनी धरोहरों पर गर्व है और वह उन्हें सुरक्षित रखने के लिए सड़क पर उतरने के लिए तैयार है।

सोचता हूँ, आज से तीन दशक पहले अगर प्रेमंचद रंगशाला की मुक्ति के लिए संघर्ष नहीं हुआ होता तो आज की तारीख़ में इतने बड़े पुस्तकालय को क्षतिग्रस्त किये जाने के फ़ैसले पर शायद कोई सुगबुगाहट ही न हुई होती। प्रेमचंद रंगशाला के लिए हुई लड़ाई ने यह चेतना विकसित की कि एक जीवंत शहर के लिए रंगशालाएँ भी ज़रूरी है तो पुस्तकालय और वाचनालय भी। हमें आगे बढ़ना है लेकिन अपनी धरोहरों को भी सुरक्षित रखना है। मुझे विश्वास है, पटना में इस तरह के संघर्ष चलते रहेंगे। ऐसे ही संघर्ष पटना को पटना बनाते हैं।

किताबों का जुनून

मुझे जिन चरित्रों ने बेहद आकर्षित किया है उनमें ख़ुदाबख़्श लाइब्रेरी के संस्थापक ख़ुदाबख़्श ख़ान और उनके पिता मोहम्मद बख़्श भी शामिल हैं। लगता है हमारी सभ्यता कुछ ऐसे ही लोगों के बूते आगे बढ़ी है। इन दोनों बाप-बेटों बल्कि इनके खानदान को ही किताबें तैयार कराने और सहेजने का एक जुनून सा था।

ख़ुदाबख़्श खान 2 अगस्त 1842 को सीवान जिले के *उखाई* गाँव में पैदा हुए थे। इनके पूर्वज मुग़लों के राजदरबार में दस्तावेज़ लिखने और किताबों के रख-रखाव का काम करते थे। औरंगजेब की प्रसिद्ध किताब *फ़तवा-ए-आलमगीर* के लेखन की प्रक्रिया में वे भी शामिल थे। ख़ुदाबख़्श के पिता मोहम्मद बख़्श को करीब तीन सौ दुर्लभ पांडुलिपियाँ अपने पूर्वजों से मिली थीं और उन्होंने ख़ुद भी कई पांडुलिपियों का संग्रह किया था। वह जितना कमाते थे, उसका एक बड़ा हिस्सा ऐसी किताबें ख़रीदने पर ही ख़र्च कर देते थे। इनमें से कुछ किताबें बड़ी दुर्लभ थीं।

ख़ुदाबख़्श पढ़ने के लिए *उखाई* से पटना आ गये। उन्होंने मैट्रिक की परीक्षा बेहतरीन अंकों से पास की। आगे पढ़ने के लिए वह कोलकाता चले गये लेकिन वहाँ का माहौल उन्हें रास नहीं आया और वह बीमार रहने लगे। इसी वजह से उन्हें वापस पटना लौटना पड़ा। फिर उन्होंने पटना विश्वविद्यालय से लॉ की पढ़ाई की। पहले वे

पेशकार बने फिर अपनी योग्यता के दम पर वकील और हैदराबाद के निज़ाम के हाईकोर्ट के चीफ जस्टिस तक बने।

1876 में ख़ुदाबख़्श के पिता का देहांत हो गया। उनके पिता चाहते थे कि उनका बेटा एक पब्लिक लाइब्रेरी बनाये। वह चाहते थे कि उनके द्वारा जुटायी गयी पांडुलिपियाँ सुरक्षित रहें और अच्छे ढंग से रखी जायें ताकि उसका लाभ समाज को मिले। उनकी यह ख़्वाहिश उनके बेटे ने पूरी की। ख़ुदाबख़्श के पास पिता से मिली पांडुलिपियाँ तो थीं ही, उन्होंने ख़ुद भी विभिन्न स्रोतों से पांडुलिपियों का संग्रह शुरू कर दिया। इस काम के लिए उन्होंने बाक़ायदा एक संग्रहकर्ता को नौकरी पर रखा। उस समय किताबों-पांडुलिपियों का संग्रह करने में अरब के मोहम्म्द मकी को महारत हासिल थी। कहा जाता है कि वह पांडुलिपि की चोरी तक कर लेता था और इसे गलत नहीं मानता था। ख़ुदाबख़्श ने मो. मकी को 50 रुपये महीने पर नियुक्त किया। वह उसे हर पांडुलिपि पर अलग से कमीशन भी देते थे। मकी ने अनेक देशों से पांडुलिपियाँ लाकर उन्हें दीं। जब संग्रहकर्ता के रूप में ख़ुदाबख़्श की शोहरत फैलने लगी तो उनके पास जगह-जगह से पांडुलिपियाँ लेकर लोग आने लगे। इस तरह एक भंडार इकट्ठा हो गया।

अब अगला कदम था किताबों को रखना और उसके लिए चाहिए थी एक इमारत। ख़ुदाबख़्श ने दो मंज़िला बिल्डिंग बनाने का निश्चय किया। काम शुरू हुआ। धीरे-धीरे करके 1888 तक अशोक राजपथ पर अशोक के पेड़ों के पीछे इमारत बनकर तैयार हो गयी। धीरे-धीरे तमाम किताबें-पांडुलिपियाँ इमारत में सजायी जाने लगीं। 29 अक्टूबर 1891 को यह लाइब्रेरी आम लोगों के लिए खोल दी गयी।

इसका नाम 'ओरिएंटल पब्लिक लाइब्रेरी' रखा गया था, लेकिन ख़ुदाबख़्श के सम्मान में इसका नाम बाद में बदलकर 'ख़ुदाबख़्श ओरिएंटल पब्लिक लाइब्रेरी' कर दिया गया। आम बोलचाल में लोग इसे 'ख़ुदाबख़्श लाइब्रेरी' कहते हैं। 1891 से ही यह लोगों के लिए एक आकर्षण का केंद्र रही है। 26 दिसंबर 1969 को इस लाइब्रेरी को 'राष्ट्रीय महत्व का संस्थान' का दर्जा दे दिया गया। यह एक स्वायत्त संस्था है, जो भारत सरकार के संस्कृति मंत्रालय के अंतर्गत आती है।

वर्ष 1905 में तत्कालीन वायसराय लॉर्ड कर्जन ने लाइब्रेरी का भ्रमण किया और

पांडुलिपियों से प्रभावित होकर इसके विकास के लिए अनुदान भी मुहैया कराया। उसके बाद उनके नाम पर एक रीडिंग हॉल का निर्माण हुआ। इस रीडिंग हॉल में तमाम अख़बार और पत्रिकाएँ उपलब्ध रहती हैं। शाम के वक़्त यहाँ भारी भीड़ रहती है।

1925 में गांधीजी ने इस लाइब्रेरी का दौरा किया। उन्होंने इसके बारे में लिखा था, 'मैंने इस सुंदर लाइब्रेरी के बारे में 9 साल पहले सुना था और तभी से मेरे मन में यहाँ जाने की इच्छा थी। मुझे दुर्लभ किताबों के इतने बड़े संग्रह की जांच परख करके बड़ा आनंद आया।' गांधीजी के अलावा जवाहरलाल नेहरू, अब्दुल कलाम और कई अन्य महान हस्तियों ने भी इस लाइब्रेरी का दौरा किया है।

आज इस लाइब्रेरी में 21 हजार से अधिक ऐतिहासिक महत्त्व की पांडुलिपियाँ हैं और अरबी तथा फ़ारसी में लिखीं ढाई लाख से अधिक पुस्तकें। इसके अलावा मुगल, राजपूत, तुर्की, ईरानी और मध्य एशियाई शैली के मूल चित्रों का भी भंडार है। हर वर्ष यहाँ दुनिया भर से हज़ारों की संख्या में शोधकर्ता पहुँचते हैं। यहाँ विभिन्न विषयों पर सेमिनारों का आयोजन होता रहता है। ऐसे ही एक सेमिनार में मैंने प्रसिद्ध इतिहासकार विपन चंद्रा को सुना था।

पानी-पानी होता शहर

वर्ष 2019 में जब पटना के कई इलाक़े पानी में डूब गये तो कई लोगों ने कहा कि 1975 फिर लौट आया है। पटना को लेकर यह बहस फिर तेज़ हो गयी कि आख़िर क्यों यहाँ बार-बार इस तरह की स्थिति पैदा हो जाती है? वैसे तो बाढ़ पटना के लिए कोई नयी बात नहीं है। जल-जमाव पटना का स्थायी सिरदर्द रहा है। शहर की भौगोलिक स्थिति और इसकी संरचना काफी हद तक इसके लिए ज़िम्मेदार है। पटना डिस्ट्रिक्ट गजेटियर के अनुसार पहले भी भारी बारिश के कारण शहर कई बार डूब चुका है।

लेकिन ग़ौर करें तो पिछले कुछ वर्षों में मुंबई, बंगलुरु, चेन्नई और श्रीनगर तक में आ रही बाढ़ ने धीरे-धीरे शहरों में जड़ जमा रहे एक बड़े संकट की ओर इशारा किया है। लगता है शहरों की विकास प्रकिया में कोई तो बुनियादी खोट है, जिससे ऐसा हो रहा है। शायद इसीलिए पटना में पहले से चले आ रहे संकट में कुछ नयी मुश्किलें

आकर जुड़ गयी हैं क्योंकि यहाँ भी विकास का वही मॉडल अपनाया जा रहा है।

2019 की बाढ़ को मुख्यमंत्री नीतीश कुमार ने प्राकृतिक आपदा कहा लेकिन शहर के लोग इस तर्क को स्वीकार करने को तैयार नहीं थे। हर कोई यही कह रहा था कि इसके पीछे नगर निगम की नाकामी है। लोगों के मुताबिक शहर की ड्रेनेज व्यवस्था पूरी तरह ठप हो गयी थी। अगर वह काम करती तो हालात इतने न बिगड़ते। उनकी दलील थी कि शहर में 31 बड़े नाले हैं और अन्य कई छोटी नालियाँ हैं जिनमें से 50 प्रतिशत से अधिक की या तो सफ़ाई नहीं की गयी और यदि सफ़ाई की भी गयी तो मानदंड के अनुसार नहीं। नाला और नालियों की सफ़ाई के नाम पर महज खानापूर्ति कर काम छोड़ दिया गया। एक बात यह भी है कि शहर की नालियों में ज़्यादातर प्लास्टिक कचरा भरा रहता है, जिसे समय पर न निकालने से स्थिति बिगड़ जाती है। उस साल के जल-जमाव को लेकर यह भी कहा जा रहा था कि पटना नगर निगम के इलाक़े में स्थित 39 में से 38 पंप हाउस चालू ही नहीं थे।

पटना में 1968 के बाद से किसी प्रमुख ड्रेनेज सिस्टम का विकास नहीं हुआ है न ही कोई नया नेटवर्क बनाने की कोशिश हुई है। ब्रिटिश ज़माने का ड्रेनेज सिस्टम, जो शहर के एक छोटे से हिस्से तक सीमित है, अब पुराना पड़ गया है। पानी फैलने पर सीवेज की बढ़िया से निकासी न होने से शहर पानी-पानी हो जाता है।

पटना की संचरना कटोरे की तरह है, इसके चारों तरफ़ ऊँची जगहें हैं जबकि बीच में निचले इलाक़े हैं जैसे राजेंद्र नगर। इसलिए सामान्य से थोड़ी भी ज़्यादा बारिश होने पर जलभराव हो जाता है। शहर में कहीं ख़ाली जगह बाक़ी नहीं रह गयी है। जहाँ कभी तालाब हुआ करते थे, वहाँ अब ऊँची रिहायशी इमारतें हैं। इसलिए विशेषज्ञ मानते हैं कि आपदा से बचने का एकमात्र उपाय है जल निकासी का नया इंफ्रास्ट्रक्चर विकसित करना। एक बार फिर दोहरा दें कि यह बात सिर्फ़ पटना पर नहीं देश के कई अन्य शहरों पर भी लागू होती है।

बहुत पहले आने वाली बाढ़ों में पटना के निचले हिस्से मसलन कंकड़बाग़, राजेंद्र नगर, बहादुरपुर डूबते थे, लेकिन हालत आज की तरह ज़्यादा खराब नहीं होती थी, क्योंकि उस वक़्त निचले इलाक़े खाली थे, जिसमें पानी फैल जाता था। हाल के वर्षों में इन हिस्सों में आबादी तेजी से बढ़ी है और यहाँ बेहद बेतरतीब विकास हुआ है

जिससे स्थिति बिगड़ी है। इसके लिए अन्य इलाक़ों से पलायन ज़िम्मेदार है। आसपास के शहरों-क़स्बों से लोग पटना आये और उन्हें मुख्य शहर में जगह नहीं मिली, तो वे निचले हिस्से में ही बस गये।

नहीं रहे तालाब

पटना में जल-जमाव होने का एक बड़ा कारण है तालाबों का ग़ायब होना। शहर में विकास प्रक्रिया की तेज़ी के साथ तालाबों को भी पाट दिया गया। किसी ने सोचा ही नहीं कि इसके कितने भयावह परिणाम होने वाले हैं। पटना कभी तालाबों का शहर हुआ करता था। सरकारी दस्तावेज़ों में 1005 तालाबों का ज़िक्र है, मगर उनमें से ज़्यादातर अब नहीं हैं। पहले पटना के लगभग हर मोहल्ले में एक बड़ा तालाब ज़रूर होता था, जो इसकी ख़ूबसूरती बढ़ाने के साथ पानी का संग्रह भी करता था। लेकिन अबाध शहरीकरण और विकास की प्रक्रिया ने इन पर गहरा आघात किया। लोगों को तालाब ही आसान शिकार नज़र आये और उन्होंने उन्हें पाट दिया। वे उसके दीर्घकालीन महत्व को नहीं समझ पाये। आज लोगों को अपने उस कृत्य की कीमत चुकानी पड़ रही है। तालाब न होने से शहर में जलजमाव की समस्या विकराल रूप धारण करती जा रही है।

वैसे तो राज्य सरकार और सुप्रीम कोर्ट ने सरकारी तालाबों को पाटने पर रोक लगा रखी है मगर मत्स्य विभाग के अधिकारियों की मिलीभगत से भू-माफिया तालाब को भरकर उस पर निर्माण करने में सफल रहे हैं। वहीं, कई तालाबों पर दूसरे विभागों का क़ब्ज़ा है। पटना में कई बड़े सरकारी भवन, कई कार्यालय और कॉलोनियाँ तालाबों के ऊपर ही बनायी गयी हैं। आज जो तालाब बचे हैं, उनकी भी बुरी हालत है। पता नहीं कल वे भी रहेंगे या नहीं। इनमें मानिक चंद तालाब और अदालत गंज तालाब की चर्चा की जा सकती है।

132 वर्ष पूर्व कोलकाता के एक प्रमुख व्यवसायी मानिकचंद घूमते हुए पटना के अनिसाबाद गाँव पहुँचे थे। वहाँ के लोगों को पानी की किल्लत से जूझते देख उन्होंने 1890 में अनिसाबाद मोड़ पर साढ़े दस एकड़ ज़मीन ख़रीदकर तालाब व शिव मंदिर का निर्माण कराया। आजादी के बाद 1952 में मानिकचंद तालाब व

मंदिर की देखरेख के लिए एक कमेटी बनाई गयी जिसने तालाब को और बेहतर बनाया। लगभग चार एकड़ के इस तालाब में 12 घाट बनाये गये हैं। आस्था के फूल और पूजन-हवन सामग्री तालाब में लगातार विसर्जित होने के कारण इसके वजूद पर संकट मँडरा रहा है।

अदालतगंज तालाब का भी यही हाल है। बुद्ध मार्ग के किनारे बड़ा सा तालाब था जिसे अदालतगंज तालाब कहा जाता है। बाद में यह बिहार सरकार के मत्स्य एवं पशुपालन विभाग के लिए राजस्व का स्रोत बन गया। हर साल मछली पालन के लिए बंदोबस्ती होती थी। अब तालाब अतिक्रमण का शिकार है। इसके आसपास भारी गंदगी पसरी है। इसी तरह बेउर तालाब को नगर निगम कूड़ा डंपिंग यार्ड बना दिया गया है।

कितना दोषी है फरक्का बाँध?

1975 में गंगा पर फरक्का बैराज बना। इंजीनियरों का अनुमान था कि इससे होकर प्रति सेकेंड 40 हजार क्यूबिक फीट पानी गंगा से होकर गुजरेगा, तो गाद ख़ुद बाहर निकल जायेगी, जिससे कोलकाता पोर्ट की ड्रेजिंग नहीं करनी पड़ेगी। लेकिन, उस वक़्त पश्चिम बंगाल की सरकार में सिंचाई निदेशालय में कार्यरत इंजीनियर कपिल भट्टाचार्य ने इसका यह कहकर विरोध किया था कि गर्मियों में हुगली का जलस्तर घट जायेगा, जिससे गाद हटने की जगह जमेगी जिससे बिहार में गंगा से बाढ़ आयेगी। उनकी आशंका सच साबित हो रही है।

गंगा के पानी पर निर्भर मोकामा क्षेत्र के किसान बताते हैं कि सूखे के मौसम में जब पानी की ज़रूरत पड़ती है, तो गाद के कारण गंगा का पानी नहीं आ पाता है और बारिश के मौसम में मोकामा टाल में जमा पानी गाद की वजह से उस तरफ़ नहीं जा पाता है। कई लोगों की राय है कि फरक्का बराज के ऊपरी हिस्से में गाद जमने के कारण पानी चारों तरफ़ फैल जाता है। अगर इसका कोई हल नहीं निकाला गया तो बिहार के गंगा से सटे इलाक़े बर्बाद हो जायेंगे। इसलिए या तो फरक्का बराज को पूरी तरह तोड़ दिया जाये या इसे निष्क्रिय कर दिया जाये।

बिहार के मुख्यमंत्री नीतीश कुमार भी अक्सर फरक्का बराज को बाढ़ के लिए ज़िम्मेवार ठहराते रहे हैं। फरक्का बराज को तोड़ना या निष्क्रिय कर देना आसान नहीं

है। अगर सरकार ऐसा करना भी चाहेगी, तो बांग्लादेश इसके ख़िलाफ़ संयुक्त राष्ट्र में चला जायेगा। दूसरा समाधान ये हो सकता है कि गाद निकाली जाये। लेकिन, गाद अगर निकाली भी जाये तो उसे डम्प कहाँ किया जायेगा, यह सवाल बना रहेगा।

हालाँकि कई जानकारों का कहना है कि पटना में जलजमाव के लिए गंगा बहुत जवाबदेह नहीं है क्योंकि गंगा से सटे इलाकों में पानी नहीं है।

ग़ौर करने की बात है कि 2019 में पटना में जलभराव उन इलाक़ों में हुआ जो ढलान वाले क्षेत्र हैं, जहाँ का पानी आसानी से गंगा में चला जाता है, लेकिन उस साल गंगा का जलस्तर पहले से ही बढ़ा हुआ था और ऊपर से तीन दिनों में करीब 300 मिलीमीटर बारिश हो गयी थी।

पता नहीं पटना को कब तक इस तरह पानी-पानी होते रहना पड़ेगा। अधिकतर विशेषज्ञों की राय यही है कि विकास की मूल अवधारणा में ही इस पहलू को जगह देने की ज़रूरत है। उनकी आपत्ति है कि पटना को कारोबार आधारित शहर के तौर पर विकसित किया जा रहा है। इसलिए कंक्रीट आधारित इंफ्रास्ट्रक्चर के लिए तो काफ़ी योजनाएँ हैं, लेकिन जल निकासी और सोख्ते के लिए कोई व्यवस्था ज़मीन पर नहीं दिखायी दे रही।

और ऐसे बुझती है प्यास

पटना की सरकारी जलापूर्ति व्यवस्था सभी नागरिकों की प्यास नहीं बुझा पाती। उसका तंत्र सीमित आबादी को ही पानी पिलाता है। उसके दायरे से बाहर के लोग निजी नलकूपों और चापाकलों पर निर्भर रहते हैं। पटना नगर निगम के स्टेशन पंप यह सुनिश्चित करने की कोशिश करते हैं कि पटना के हर निवासी को रोज़ाना कम से कम 150 लीटर पानी मिल जाये। एक अनुमान के मुताबिक पीएमसी के बोरवेल्स हर रोज़ ज़मीन से 37.5 करोड़ लीटर पानी खींच रहे हैं लेकिन अधिकारी मानते हैं कि करीब 45 प्रतिशत पानी रिसाव की वजह से रास्ते में ही बह जाता है। पटना के 60 प्रतिशत इलाक़े ही इस नेटवर्क से जुड़े हैं बाकी इलाक़े काफी हद तक भूजल पर निर्भर हैं। गर्मियों में तापमान 40 डिग्री से ऊपर जाते ही भूजल का स्तर 5-7 फुट नीचे खिसक जाता है। पंपों से पानी की निकासी कम हो जाती है। लीकेज की वजह

से नाले का पानी भी सप्लाई के पानी में घुल-मिल जाता है।

हालाँकि बिहार का जल संकट राजस्थान, गुजरात, महाराष्ट्र या दिल्ली जैसा नहीं है, जहाँ भूमिगत जल का भंडार सूख गया है या फिर भूगर्भ का पानी खारा हो गया है। यहाँ का संकट समुचित प्रबंधन न होने की वजह से है। जल संग्रहण और वितरण की पारंपरिक व्यवस्थाएँ अज्ञान और उदासीनता की वजह से नष्ट हो गयीं और कोई वैकल्पिक व्यवस्था सामने नहीं आ पायी। ग्लेशियरों का पानी लेकर हिमालय से आने वाली नदियों और समूचे उत्तर भारत के भूजल प्रवाह की वजह से बिहार में कोई बड़ा संकट उत्पन्न होने की आशंका नहीं है। शायद इस वजह से भी प्रशासन और समाज थोड़ा लापरवाह हो गया है।

पटना के भूजल में अभी तक आर्सेनिक या फ्लोराइड जैसे जहरीले रसायन नहीं मिले। लेकिन आसपास के इलाकों ख़ासकर मनेर के भूजल में आर्सेनिक मान्य मात्रा से अधिक पायी गयी है। पर्यावरण विशेषज्ञों के अनुसार पटना के भूजल में आर्सेनिक नहीं मिलने का कारण यह है कि यहाँ के भूजल कुंड सोन की प्राचीन धारा से जुड़े हैं, गंगा से नहीं।

सड़क जाम और गंदगी

बिहार के बाहर पैदा हुए लोग, जो कुछ दिनों के लिए नौकरी के कारण पटना में रहने आये, इस शहर की दो चीजों को ही मुख्य रूप से याद करते हैं – सड़क जाम और गंदगी। एक बार लखनऊ से एक नाट्य दल आया था। उसने यहाँ चर्चित नाटक *आला अफसर* का मंचन किया था। नाटक में अचानक एक संवाद सुनने को मिला – 'गंदगी तो ऐसी जैसे पटना शहर हो।' यह संवाद नाटक में नहीं था, लेकिन नाट्य दल के कलाकार, लगता है दिन में शहर घूमने गये होंगे और यहाँ की गंदगी को देखकर परेशान हो गये होंगे और नाटक में गंदगी की चर्चा आते ही उन्होंने उसमें पटना को जोड़ दिया। दर्शकों में उस वक़्त जोर का ठहाका गूँजा था।

पटना में किसी से पूछिये कि आपका घर रेलवे स्टेशन या हवाई अड्डे से कितनी दूरी पर है। कोई यह नहीं बतायेगा कि उसका घर इतना किलोमीटर दूर है। वह यही कहेगा कि उसका घर वहाँ से आधे घंटे या एक घंटा की दूरी पर है। पटना में दूरियाँ

किलोमीटर से नहीं घंटे में मापी जाती है। इसका कारण है वहाँ सड़कों पर लगने वाला जाम। पटना की पहचान अव्यवस्थित और अस्त-व्यस्त शहर की हो गयी है। यह अव्यवस्था और अस्त-व्यस्तता हाल के दो-तीन दशकों की देन है। एक तरफ़ जहाँ सड़कें जाम रहती हैं, वहीं थोड़ी भी बारिश में सड़कों पर जलजमाव हो जाता है। इसके अलावा जहाँ-तहाँ गंदगी का अंबार लगा रहता है। स्वच्छता सर्वेक्षण- 2020 में इसे देश के बड़े शहरों में सबसे गंदा शहर घोषित किया गया था। इन सब वजहों से पटना की नगर योजना और इसके प्रबंधन पर सवाल उठाये जाते हैं।

अलग-अलग कालखंडों में पटना कई बार बसा और उजड़ा। लेकिन ब्रिटिश काल में पटना निश्चित नगर योजना के तहत फिर से बसाया गया। उसके बाद कई दशकों तक यह व्यवस्थित बना रहा लेकिन धीरे-धीरे यह व्यवस्था कई वजहों से चरमराने लगी और उसके बाद से पटना का बेतरतीब विकास हो रहा है।

पटना के योजनाबद्ध विकास का कार्य 1912 में शुरू हुआ, जब बिहार एक नये प्रांत के रूप में वजूद में आया। इस कार्य का ज़िम्मा अंग्रेज़ी हुकूमत के मशहूर आर्किटेक्ट जोसेफ म्यूनिंग्स को सौंपा गया, जिन्होंने पटना में कुछ भव्य इमारतें डिज़ाइन कीं जैसे सचिवालय, राजभवन, पटना हाईकोर्ट, जीपीओ और पटना म्यूज़ियम। ये इमारतें 1912 से 1917 के बीच बनीं।

आज़ादी के बाद बिहार का तेज़ी से विकास हुआ। 1950 के दशक में बिहार, मुंबई के बाद देश का सर्वोत्तम प्रशासित राज्य माना जाता था। पटना का भी नियोजित तरीके से विकास हो रहा था। शहर में तमाम इंफ्रास्ट्रक्टर के विकास के केंद्र में था – अशोक राजपथ। उसे अपर रोड (आम भाषा में ऊपरकी रोड) कहा जाता था। उसके इर्द-गिर्द कई महत्त्वपूर्ण चीजें बनी थीं। उस दौर में पटना सिटी का ख़ास महत्व था। पटना सिटी के मालसलामी थाना के पास एक रेलवे स्टेशन हुआ करता था-पटना घाट। यह लाइन पटना साहिब को पटना जंक्शन से जोड़ती थी और दीघा तक जाती था। यह लाइन अब इतिहास का हिस्सा बन चुकी है।

अंग्रेजों ने मल्टी लेवल ट्रांसपोर्टेशन सिस्टम अपनाया था। गंगा तो थी ही। सड़क मार्ग के रूप में अशोक राजपथ था, जो पूर्व में पटना सिटी से लेकर पश्चिम में दानापुर कैंट से जुड़ता था। सड़क मार्ग के लिए बांकीपुर बस स्टैंड बनाया गया।

अशोक राजपथ के साथ एक हिस्से में सरकारी दफ़्तर बनाये गये और एक हिस्से में शिक्षा का केंद्र विकसित किया गया यानी पटना विश्वविद्यालय बनाया गया। सरकारी अधिकारियों व कर्मचारियों के लिए गर्दनीबाग मोहल्ला बसाया गया। उसके आसपास चितकोहरा जैसे गाँव थे।

निचली सड़क यानी बारी पथ के इर्द-गिर्द व्यावसायिक केंद्र बने जो साधारण जन के लिए थे। अशोक राजपथ से जुड़े मुरादपुर में सीमित और एक ख़ास वर्ग के लिए व्यावसायिक केंद्र बनाया गया। फिर जब जनसंख्या बढ़ी तो दक्षिण की तरफ़ विस्तार हुआ। कदमकुआँ मोहल्ला बना, एक्जीबिशन रोड बना। राजेंद्र नगर बना। दूसरी तरफ़ बोरिंग कैनाल रोड बना। रेलवे लाइन से सटे लालजी टोला और पीरमुहानी जैसे मोहल्ले बसे। दक्षिण की तरफ़ विस्तार में एक बाधा की तरह रही पुनपुन। पुनपुन नदी पर दो बाँध बनने के बाद दक्षिण की तरफ़ और विस्तार शुरू हुआ और 70 के दशक में कंकड़बाग़ कॉलनी बनायी गयी।

पटना में 60 के दशक तक लैंड यूज को गंभीरतापूर्वक लिया जाता था। लेकिन बाद में इस पर ध्यान नहीं दिया गया। उस समय *पटना इंप्रूवमेंट ट्रस्ट* जैसी संस्था इस काम में लगी रहती थी। सत्तर के दशक के बाद ख़ासतौर से स्थितियाँ बदलीं। विकास का विकेंद्रीकरण न होने के कारण आसपास के गाँवों और शहरों से लोगों का पटना की ओर पलायन शुरू हुआ। दरअसल गाँवों-क़स्बों में शिक्षा और स्वास्थ्य की बेहतर व्यवस्था नहीं हो पायी, कानून-व्यवस्था की हालत भी अच्छी नहीं थी, लिहाजा लोगों के पटना में आकर रहने का सिलसिला शुरू हुआ। ज़मीन सस्ती थी और यहाँ रीयल स्टेट का विकास नहीं हुआ था। बिल्डर लॉबी नहीं पनप पायी थी, इसलिए लोगों ने छोटे-छोटे मकान बनाने शुरू किये। चूँकि पटना भूकंप प्रभावित क्षेत्र में पड़ता था, इसलिए उस समय हाइ राइज़ बिल्डिंग नहीं बन पायी। दो-तीन मंज़िल से ऊपर के मकान नहीं बने। लेकिन उस दौर में लैंड यूज प्लानिंग के बारे में सोचा ही नहीं गया। जो रिहायशी इलाक़े थे, उसमें भी व्यावसायिक गतिविधियाँ शुरू हो गईं और उन्हें सख़्ती से रोका नहीं गया।

पटना की सड़कों पर जाम का एक बड़ा कारण यह है कि सड़कें पतली हैं। जो सड़कें चौड़ी भी की गयी हैं, उनमें टेलीफोन के तार और बिजली के खंभे हटाये नहीं

गये हैं, मेनहोल को ढका नहीं गया है। इसके अलावा सड़कों का अतिक्रमण किया गया है। हर सड़क की एक लेन पर बाज़ार लगे रहते हैं। इस तरह हर रोज़ सड़क सिकुड़ती जा रही है और गाड़ियों की संख्या दिन-ब-दिन बढ़ती ही जा रही है।

पटना की जनसंख्या में लगातार बढ़ोतरी हो रही है। पिछले दो दशकों में इसमें ख़ासतौर से वृद्धि हुई है। घटते स्पेस और लोगों की बढ़ती भीड़ के कारण जनसंख्या का घनत्व भी बढ़ रहा है। 2011 की जनगणना के अनुसार पटना में 1823 व्यक्ति प्रति वर्ग किलोमीटर में हैं। पटना शहर का पूरब की ओर विस्तार नहीं किया जा सकता क्योंकि उधर पुराना पटना है। पश्चिम में मिलिट्री कैंटोनमेंट है, उत्तर दिशा में गंगा नदी है और दक्षिण की ओर की ज़मीन काफी नीचे है। बढ़ती आबादी और ज़मीन के सीमित रहने से शहर को व्यवस्थित रूप देने की तमाम योजनाएँ फेल हो जाती हैं। फ्लाईओवर बनाने से भी समस्या सुलझ नहीं रही है। कई विशेषज्ञ मानते हैं कि फ्लाईओवर से ज़्यादा ड्रेनेज सिस्टम बनाने की ज़रूरत थी। पटना के लिए टाउन प्लानिंग को लेकर संबंधित विभाग संवेदनशील नहीं रहे हैं।

पटना में कोई ठोस कचरा प्रबंधन प्रणाली नहीं है। बहुत से मोहल्लों में लोग अपना कचरा सड़कों या खाली जगहों पर डाल देते हैं जिसे बाद में पीएमसी के कर्मचारी एकत्र करके ले जाते हैं। पीएमसी के पास भी ठोस कचरे को हैंडल करने के लिए ज़रूरी उपकरण नहीं हैं। बुनियादी ढाँचे की कमी, कूड़ा डालने की जगह का न होना और पीएमसी में कर्मचारियों की कमी से हालात और ख़राब हुए हैं। इसलिए पटना में सड़कों के किनारे कूड़ा-कचरा दिखना आम बात है। वर्षों से गंगा में हो रही गंदगी की निकासी नदी को भी दूषित करती जा रही है।

सवाल है कि पिछले दो-तीन दशकों से सत्ता पर काबिज़ सरकारों ने पटना के सुनियोजित विकास के बारे में क्यों नहीं सोचा? क्या उनमें दृढ़ इच्छाशक्ति की कमी थी? इसका एक जवाब तो उनकी सियासत में मिलेगा। सच तो यह है कि योजनाबद्ध विकास के लिए बड़े पैमाने पर ज़मीन अधिग्रहण करने की ज़रूरत पड़ती है लेकिन इससे सत्ता के कुछ समर्थकों के नाराज़ होने की आशंका रहती है। राज्य की सियासत में, जहाँ कई सामाजिक प्रश्न अभी भी अहम बने हुए हैं, शहरी ढाँचे को सँभालना कभी प्रमुख मुद्दा बना ही नहीं। कई लोग कहते हैं कि अपने-अपने सामाजिक समूहों

को प्रसन्न करने के लिए विभिन्न सरकारों ने नगर योजना में मनमाने तरीके से बदलाव किये, उन्हें तोड़ा-मरोड़ा। शहर का बेतरतीब स्वरूप उसी की देन है।

शहर के लेबर चौक

पटना का मेहनतकश तबक़ा इस शहर में नहीं रहता बल्कि वह आसपास के क़स्बों, गाँवों से रोज़ काम करने आता है और फिर चला जाता है। ये लोग डीएमयू और ईएमयू जैसी ट्रेनों से खुसरूपुर, हाजीपुर, दानापुर, तरेगना आदि जगहों से आते हैं। ये आमतौर पर निर्माण क्षेत्र में काम करने वाले मिस्त्री या मज़दूर होते हैं। रेलवे लाइन के किनारे इनके अड्डे होते हैं, जहाँ ये काम की प्रतीक्षा करते हैं। इन अड्डों को लेबर चौक कह सकते हैं। मुन्नाचक इनमें से एक है। नाला रोड या भट्टाचार्या रोड में सुबह-सुबह ये मिल सकते हैं। कंकड़बाग़ में केंद्रीय विद्यालय के पास भी इनका एक अड्डा है।

ये अपने सामान के साथ यहाँ बैठे रहते हैं ताकि काम मिल जाये। दिन भर काम करने के बाद ये ट्रेन से अपने घर लौट जाते हैं। पहले दूध लेकर भी लोग इन्हीं क़स्बों से आया करते थे। पर सुधा डेयरी के मज़बूत होने के बाद से उनका आना कम हो गया। कुछ अस्थायी किस्म के काम विवाह के अवसरों पर मिलते हैं। जैसे वेटर का काम, मशालची का काम, साफ़-सफ़ाई का काम। या इससे जुड़े अन्य काम। ये काम झुग्गी-झोपड़ियों में रहने वाले लोग करते हैं।

ख़राब होती हवा

पटना महानगर बनने की राह पर है। महानगर वाली सारी बीमारियाँ उसे लग चुकी हैं। जैसे वह प्रदूषण में काफ़ी आगे निकल गया है। वह प्रदूषण के मानकों के अनुसार रेड जोन में है। सामान्यतः हवा में 60 माइक्रोग्राम प्रति घन मीटर सूक्ष्म धूलकण की मात्रा होनी चाहिए, इससे कम हो तो और बेहतर। लेकिन पटना में अकसर यह आँकड़ा 300 पार कर जाता है। इससे बीमारियों में काफी वृद्धि हुई है, ख़ासतौर पर बच्चे इससे प्रभावित हो रहे हैं। वायु प्रदूषण के कारण अस्थमा, एलर्जी, ब्रोंकाइटिस जैसी बीमारियों में इज़ाफ़ा हुआ है। हृदय रोग भी बढ़ा है। यहाँ वायु प्रदूषण की तीन प्रमुख वजहें बतायी जाती हैंः

1. पटना के उत्तरी हिस्से में औसत तीन किलोमीटर तक गंगा के किनारे की रेत।

2. शहर में निर्माण कार्यस्थल पर पानी का छिड़काव नहीं।

3. सड़कों पर वाहनों का अत्यधिक दबाव, ट्रैफिक जाम की समस्या। बिहार राज्य प्रदूषण नियंत्रण पर्षद की रिपोर्ट के अनुसार पटना की वायु गुणवत्ता अत्यधिक ख़राब होने का बड़ा कारण गंगा की धारा का शहर से दूर होना है। दीघा से काली घाट तक शहर के किनारे चार किलोमीटर तक बालू ही बालू निकल आया है। हिमालय से आने वाली हवा गंगा की रेत साथ लेकर आती है जो शहर भर में फैल जाती है। इस पर रोक का कोई उपाय नहीं निकल सका है। पटना शहरी क्षेत्र में बालू का खनन तो ज़रूर बंद हुआ है, लेकिन खुले में इसे विभिन्न जगहों पर ले जाया जाता है।

कंस्ट्रक्शन को लेकर निर्धारित नियमों का पालन नहीं किया जा रहा है। निर्माण कार्य के कुछ नियम होते हैं जैसे अगर कोई बिल्डिंग कंस्ट्रक्शन का काम चल रहा है तो उसके चारों तरफ़ उसकी स्क्रीनिंग करनी पड़ती है यानी उसके चारों ओर बैरिकेडिंग ज़रूरी है ताकि निर्माण के समय धूल कण ना उड़े लेकिन इसका पालन कोई नहीं करता और अगर कोई करता भी है तो नाममात्र के लिए। कुछ दिन निर्माणाधीन इमारत के चारों ओर हरे रंग का कवर लगा दिया जाता है लेकिन उसके फटने के बाद ध्यान नहीं दिया जाता।

लेकिन सबसे बड़ी समस्या सड़क पर डीजल-पेट्रोल से चलनेवाली गाड़ियाँ हैं। अन्य शहरों की तरह पटना में भी ज़्यादा से ज़्यादा इलेक्ट्रिक या सीएनजी वाहन सड़क पर होने चाहिए थे, पर दुर्भाग्य से ऐसा नहीं हो सका है। पटना में वर्ष 2019 के आँकड़े के अनुसार 13 लाख वाहन रजिस्टर्ड हैं, जिसमें 10 लाख से ज़्यादा छोटे-बड़े वाहन अभी भी पटना की सड़कों पर दौड़ रहे हैं, जिनमें से अधिकतर डीजल और पेट्रोल से चलते हैं। 50 हजार ऑटो में 13 हजार बैटरी से चल रहे हैं।

वैसे तो सरकार ने 15 साल पुराने सभी वाहनों को बंद करने का फ़ैसला किया है और यह भी कहा है कि जो ऑटो चालक अपने वाहन को सीएनजी में कन्वर्ट कराना चाहते हैं, उन्हें वित्तीय अनुदान दिया जायेगा पर इन पंक्तियों के लिखे जाने तक सभी ऑटो सीएनजी में परिवर्तित नहीं किये जा सके हैं।

15 साल पुरानी ऑटो और बसों से निकलने वाले धुएँ ने यहाँ के वातावरण को

ख़तरनाक तरीके से प्रदूषित कर दिया है जबकि पटना में वायु प्रदूषण जाँच केंद्र की कमी नही है। सभी पेट्रोल पंप में यह सुविधा उपलब्ध है। समय-समय पर उसकी मशीन को चेक भी किया जाता है, बावजूद इसके सड़कों पर धुआँ उड़ाती गाड़ियाँ अभी भी नज़र आती हैं। कई विशेषज्ञ कहते हैं कि पटना में पेड़-पौधों की कमी से भी समस्या बिगड़ी है।

नये पटना की पहचानः कोचिंग और अस्पताल

आज पटना में कोचिंग इंस्टीट्यूट और अस्पताल खोलना सबसे फ़ायदे का धंधा माना जाता है। जब तक मैं पटना में था, शहर में अनेक कोचिंग संस्थान थे। मेडिकल, इंजीनियरिंग की कोचिंग क्लासेज हुआ करती थीं। यूपीएससी, बीपीएससी, बैंक आदि परीक्षाओं के लिए भी कई कोचिंग संस्थान थे, पर इनका इस कदर विस्तार होगा, यह सोचा न था। उन दिनों नर्सिंग होम भी कम नहीं थे। कई बड़े डॉक्टरों ने अपने निजी अस्पताल खोल रखे थे। लेकिन आज तो कुछ इलाक़ों में निजी अस्पतालों का जाल सा फैल गया है। लोग बताते हैं कि अस्पताल खोलना भी एक बिजनेस है।

सपनों का कारोबार

नब्बे के दशक में देश भर में शिक्षा व्यवस्था के समानांतर कोचिंग व्यवसाय फला-फूला। उदारीकरण और भूमंडलीकरण ने इंजीनियरिंग और अन्य तकनीकी तथा व्यावसायिक शिक्षा के क्षेत्र में व्यापक संभावनाएँ पैदा कीं। इसी दौर में कई नये प्राइवेट इंजीनियरिंग और मेडिकल कॉलेज खुले। आईआईटीज का विस्तार हुआ। गली-गली में कंप्यूटर ट्रेनिंग सेंटर खुले। इस तरह मध्यवर्ग के लिए आईटी एक स्वाभाविक करियर के रूप में विकसित हुआ। सबसे बड़ी बात कि अब तकनीकी क्षेत्र हर किसी को अपनी मुट्ठी में नज़र आने लगा। यह अहसास हुआ कि थोड़े-बहुत निवेश से इस करियर को हासिल किया जा सकता है।

मेडिकल और मैनेजमेंट का नंबर उसके बाद रहा। फिर यह प्रचारित किया गया कि स्कूली पढ़ाई के बूते करियर के नये ढाँचे में प्रवेश मुश्किल है। इस तरह कोचिंग को करियर की एक अनिवार्य सीढ़ी के रूप में स्वीकार किया गया। कोटा जैसे हब इसी

प्रक्रिया में विकसित हुए, जहाँ स्कूली शिक्षा के समानांतर बल्कि उससे भी मज़बूत ढाँचा तैयार कर लिया गया। दिल्ली और अन्य शहरों में तो स्कूलों ने कोचिंग संस्थानों से गठबंधन कर लिया। कोचिंग संस्थान स्कूल का कोर्स भी कराने लगे।

पटना भी इस प्रक्रिया का हिस्सा बना। पूरे बिहार में तेजी से उभर रहा मध्यवर्ग अपने बच्चों के करियर में भरपूर निवेश करने को तैयार था। दूसरी तरफ़ आनंद कुमार के प्रयोग ने कोचिंग मॉडल के प्रति एक नयी आशा पैदा कर दी थी। मान लिया गया कि स्कूलों में नामाँकन महज सर्टिफिकेट पाने के लिए कराना है लेकिन असली पढ़ाई तो कोचिंग में ही होगी। इस तरह जहाँ पटना के बच्चे दिल्ली, पुणे का रुख करने लगे वहीं बिहार के छोटे-छोटे शहरों और क़स्बों के बच्चे पटना आने लगे और कोचिंग का व्यवसाय बढ़ने लगा। कहने की ज़रूरत नहीं कि इस दौर में सरकारी स्कूलों और कॉलेजों की चमक फीकी पड़ने लगी। बिहार की शिक्षा व्यवस्था में पहले भी विसंगतियाँ थीं, लेकिन अब उसका ढाँचा भहराकर गिरने लगा। उनमें पढ़ाई के नाम पर बस खानापूर्ति होने लगी। कोचिंग तंत्र के विस्तार के कारण शिक्षक ख़ासकर विज्ञान और गणित के शिक्षक मालामाल होने लगे। पहले बिहार में शिक्षा माफिया सुनने को मिलता था। अब उसकी जगह कोचिंग माफिया ने ले ली। यह स्वाभाविक ही है क्योंकि अब कोचिंग ही शिक्षा का पर्याय है।

पटना में आप जिधर निकलिए, आपको पिट्ठू बैग लटकाये लड़के-लड़कियों का हुजूम नज़र आयेगा। इंजीनियरिंग, मेडिकल, यूपीएससी, बीपीएससी, एसएससी, रेलवे, बैंकिंग, मैनेजमैंट, क्लर्क आदि प्रतियोगी परीक्षाओं की तैयारी के अलावा कंप्यूटर कोर्स और इंगलिश स्पीकिंग कोर्स भी कोचिंग संस्थानों में कराया जा रहा है।

आज तक़रीबन पूरे पटना में इन संस्थानों का जाल फैला हुआ है। कई जगहों पर एक मकान में दो-दो चार-चार इंस्टीट्यूट तक चल रहे हैं। इनका कारोबार करोड़ों रुपये का है। इनमें कितनी पढ़ाई हो रही है और विद्यार्थियों कितना फ़ायदा हो रहा है, इसे परखने का कोई ठोस पैमाना नहीं है। यह एक चलन है, फैशन है। देखादेखी सब इसमें एडमिशन ले रहे हैं। ऐसा माहौल बना दिया गया है कि कोचिंग किये बग़ैर आगे कुछ नहीं किया जा सकता।

कई कोचिंगों में 50 से 60 की क्षमता वाले एक हॉल में 100 से ज़्यादा बच्चे बिठाये जाते हैं। एक बेंच पर चार-चार छात्र-छात्राएँ बैठती हैं। पंखा चल रहा होता है, लेकिन गर्मी से विद्यार्थी बेहाल रहते हैं क्योंकि ताज़ा हवा आने के लिए पर्याप्त खिड़कियाँ नहीं होतीं। कई संस्थानों में तो सीलन भरे दड़बानुमा छोटे-छोटे कमरे होते हैं और उन में 2-3 चौकियाँ लगा दी जाती हैं। पढ़ाई के लिए बच्चों को कुर्सी-टेबल तक नहीं दिये जाते। शौचालय और पानी की टंकियों की भी नियमित साफ़-सफ़ाई नहीं की जाती है। दीवारों और छतों से प्लास्टर उखड़ा रहता है, रंग-रोगन का नामोनिशान नहीं होता। यही ज़्यादातर कोचिंग संस्थानों का हाल है।

हालाँकि सरकार ने इनके लिए कई तरह के नियम-क़ायदे बना रखे हैं, पर उनकी परवाह किसी को नहीं है। गौरतलब है कि बिहार कोचिंग संस्थान (नियंत्रण एवं विनियमन) एक्ट के मुताबिक हर कोचिंग संस्थान की रजिस्ट्री अनिवार्य है, लेकिन एक बड़ी संख्या ऐसे संस्थानों की है, जो रजिस्टर्ड ही नहीं हैं। ऐसे में यह अंदाज़ा भी नहीं है कि आख़िर शहर में कितने कोचिंग संस्थान हैं। इस एक्ट के अनुसार एक छात्र को एक वर्गमीटर जगह मिलनी चाहिए, उसमें शौचालय और स्वच्छ पेयजल होना चाहिए लेकिन शायद ही कोई कोचिंग संस्थान इस शर्त को पूरा करता है। एक्ट के मुताबिक कोचिंगों में आकस्मिक चिकित्सा सुविधा होनी चाहिए लेकिन कुछ चुनिंदा कोचिंगों को छोड़ दिया जाए तो किसी भी कोचिंग में यह सुविधा नहीं है। साथ ही साइकिल/ वाहन पार्किंग भी होनी चाहिए। लेकिन अधिकतर कोचिंग इंस्टीट्यूटों में पार्किंग की व्यवस्था नहीं है। छात्र-छात्राएँ अपनी साइकिलें सड़क किनारे लगाने को मजबूर हैं जिसके कारण आये दिन झिक-झिक होती रहती है।

2019 में सूरत में हुए अग्निकांड के बाद पटना के कोचिंग संस्थानों में अग्नि सुरक्षा मानकों की जाँच करवायी गयी। दुःखद तो यह है कि एक भी कोचिंग का भवन अग्नि सुरक्षा के मानकों पर खरा नहीं उतरा। पटना में चल रहे कोचिंग संस्थानों की हालत सूरत से भी बदतर है। अगर यहाँ भी किसी कोचिंग संस्थान में सूरत जैसी आग लग जाए तो बच्चों को कूदकर ही जान बचानी होगी। विडंबना तो यह है कि इन हालात को लेकर छात्र कुछ बोल नहीं सकते। उनकी आवाज़ कोई नहीं सुनता।

ये कोचिंग संस्थान मोटी रकम वसूल रहे हैं। वैसे रेट को लेकर सौदेबाजी भी ख़ूब होती है। कोचिंग सेंटरों में छात्रों की बढ़ती भीड़ को देख कर कोटा और दिल्ली के कई कोचिंग संस्थानों ने भी पटना में अपने सेंटर खोल लिए हैं।

कोचिंग में पढ़ने वाले छात्रों से बात करने पर छात्रों की लाचारी का पता चलता है। एक बड़ी रकम वसूलने के बाद भी ज़्यादातर कोचिंग में छात्रों को सवाल पूछने की इजाज़त नहीं है। सर ने जो भी पढ़ाया उसे कोई समझे या न समझे, इससे कोचिंग संचालकों को कोई मतलब नहीं है। क्लास में सवाल पूछने वालों को डाँट-डपट कर बैठा दिया जाता है। कई कोचिंग वाले किसी नामी टीचर के नाम पर एडमिशन ले लेते हैं कि उनके यहाँ अमुक शिक्षक पढ़ायेंगे। लेकिन वे शिक्षक महोदय आते ही नहीं।

अनेक कोचिंग संस्थानों का आलम यह है कि प्रतियोगी परीक्षाएँ सिर पर आ जाती हैं, मगर पाठ्यक्रम आधा भी ख़त्म नहीं हो पाता है। जबकि छात्रों से मोटी फीस पहले ही वसूल ली जाती है। ऐसे में कभी-कभार छात्रों का गुस्सा भड़क उठता है।

कोचिंग के कारोबार में जहाँ एक ओर कमाई बढ़ती गयी है, वहीं प्रतिद्वंद्विता भी। इस कारण कोचिंग संचालक अपने को असुरक्षित महसूस करते हैं। उनमें से बहुतों ने प्राइवेट सिक्योरिटी गार्ड्स रख लिया है। कुछ साल पहले पटना के भिखना पहाड़ी मोहल्ले में जब स्टूडेंट्स ने संगठित होकर अपनी शिकायतें रखनी चाही तो एक कोचिंग संचालक के सुरक्षा गार्ड ने लड़कों की भीड़ पर गोली चला दी थी।

इनका भी फ़ायदा

एक बड़ा व्यवसाय जब फलता-फूलता है, तो उसके साथ कई और धंधे भी विकसित होते हैं और एक बड़े तबक़े को रोज़ी-रोटी मिलती है। पटना में कोचिंग के कारोबार के साथ कई धंधे चल रहे हैं। कोचिंग संस्थानों के आसपास गर्ल्स और बॉयज हॉस्टल तथा किताब-कॉपी और स्टेशनरी की दुकानें खुल गयी हैं। साथ ही टिफिन वालों का कारोबार फलने-फूलने लगा है। छोटे-मोटे ढाबे, चाय-बिस्कुट की दुकानें, समोसे पकौड़ों व लिट्टी-चोखे की दुकानें, गोलगप्पों और चाट वालों के ठेले, फलों और जूस की दुकानों की भी भरमार हो गयी है।

गर्ल्स हॉस्टल का हाल

कोचिंग के लिए पटना के आसपास के शहरों, क़स्बों से हज़ारों लड़कियाँ आती हैं, जो यहाँ के गर्ल्स हॉस्टल में रहती हैं। यह भी एक बड़ा बदलाव है। पहले लोग अपनी लड़कियों को पढ़ने के लिए दूर भेजने को तैयार नहीं होते थे। पर अब अभिभावक अपनी बच्चियों को दूसरे शहर भेजने लगे हैं ताकि उनका करियर सँवर सके। इसका लाभ पटना के लोगों को यह हुआ कि गर्ल्स पीजी के नाम से एक अच्छा कारोबार शुरू हो गया। कई लोगों ने जिनके पास थोड़े बड़े कमरों वाले मकान हैं, पीजी खोल लिया।

लेकिन गर्ल्स हॉस्टलों का हाल आमतौर पर अच्छा नहीं है। हॉस्टल बनाने के लिए एक बड़े कमरे में ही लकड़ी या प्लाईबोर्ड से पार्टिशन करके कई छोटे-छोटे कमरे बना दिये गये हैं। कई जगहों पर 8 बाई 8 फुट के कमरे में 3 चौकियाँ लगी हुई हैं और खिड़की का कोई नामोनिशान नहीं है। सीलन भरे कमरों में न ढंग से रोशनी का इंतज़ाम रहता है, न पानी और साफ़-सफ़ाई का। खाने-पीने की व्यवस्था भी लचर ही रहती है। खाने के लिए प्रायः 2 हजार हर महीने लिए जाते हैं लेकिन लड़कियों से बात करें तो पता चलेगा कि उन्हें खाने के नाम पर प्रायः घटिया चावल और पानी जैसी दाल दी जाती है। सब्ज़ी के रस में आलू या गोभी मुश्किल से दिखायी देती है।

सुरक्षा के नाम पर चारों ओर खिड़कियाँ बंद कर दी जाती हैं, चारदीवारी को ऊँचा कर दिया जाता है और लोहे का बड़ा सा गेट लगा दिया जाता है। लड़कियों का कहना है कि ज़्यादातर गर्ल्स होस्टलों के संचालक मर्द होते हैं, जो लड़कियों से अकसर बेशर्मी से पेश आते हैं।

मर्ज़ और मरीज़

पटना में निजी अस्पतालों का भी एक जाल सा फ़ैल गया है। कोचिंग की तरह इसे भी एक चोखे धंधे की तरह देखा जा रहा है। कुछ साल पहले मेरे छोटे भाई के एक मित्र ने बताया कि वह एक नर्सिंग होम खोलने जा रहा है। मुझे आश्चर्य हुआ क्योंकि उसके पास न तो कोई इससे संबंधित डिग्री थी और न ही अनुभव। मैंने जब इस बारे में पूछा तो उसने बताया कि बस पैसे होने चाहिए, सारी व्यवस्थाएँ हो जाती हैं। मैंने पूछा कि डॉक्टर कहाँ से आयेंगे तो उसने कहा कि एक डॉक्टर कई अस्पतालों के कंसल्टेंट

होते हैं। जब जैसा पेशेंट आया फोन करके डॉक्टर को बुला लिया जाता है और उन्हें प्रति विजिट के हिसाब से पैसे दे दिये जाते हैं। उसने यह बात इतने आराम से कही कि लगा जैसे हॉस्पीटल खोलना परचून की दुकान खोलने जैसा है। हालाँकि उसकी असल चिंता यह थी कि चार-पाँच विश्वसनीय लोग कहाँ से मिलेंगे, जो दलाल का काम कर सकें और मरीज़ पकड़ कर ला सकें। पटना के अस्पतालों में आसपास के शहरों-क़स्बों के मरीज़ भी आते हैं क्योंकि पटना को छोड़कर बाकी शहरों में स्वास्थ्य का ढाँचा बेहद कमजोर है। पटना के प्राइवेट अस्पतालों में बाहर के मरीज़ों को अपने यहाँ लाने की एक होड़ सी रहती है। और इसी स्तर पर दलालों की भूमिका महत्त्वपूर्ण हो जाती है। वैसे बहुत से लोग इस परिदृश्य को अलग नज़रिये से भी देखते हैं। उनका कहना है कि पटना में अब चिकित्सा सुविधाएँ बेहतर हुई हैं। अब लोगों के सामने कई विकल्प हैं। पहले रात-बिरात किसी को कुछ हो जाता था, तो सोचना पड़ता था कि उसे कहाँ ले जायें? अब हर मोहल्ले में कोई न कोई ऐसा भरोसेमंद क्लीनिक मौजूद है, जहाँ ठीकठाक इलाज हो जाता है। अस्पतालों के कुछ बड़े ब्रांड भी पटना पहुँच चुके हैं। कई गंभीर बीमारियों का इलाज अब पटना में संभव है। दूसरी तरफ़ सरकारी स्वास्थ्य तंत्र का भी विस्तार हुआ है।

सच कहा जाये तो पटना के ऊपर पूरे बिहार का बोझ है, चाहे वह शिक्षा का मामला हो, स्वास्थ्य का मामला हो या जीवन की अन्य सहूलियतों का। पटना इस बात का उदाहरण है कि विकास का विकेंद्रीकरण न होने से अपेक्षाकृत विकसित इलाक़ों का सिस्टम भी किस तरह लाचार हो जाता है। बिहार की एक विडंबना यह है कि यहाँ विकास राजधानी तक ही सीमित है। पिछले दिनों दिल्ली के एक पत्रकार का संस्मरण पढ़ा जो समस्तीपुर जा रहा था। जब वह पटना से गुजर रहा था, तो उसके मन में यह सवाल उठ रहा था कि आख़िर बिहार को ग़रीब क्यों कहा जाता है। उसे पटना की सड़कों पर दौड़ती फौरचून गाड़ियों को देखकर हैरत हो रही थी। लेकिन पटना से बाहर निकलते ही उसे धक्का लगा। उसने समस्तीपुर का जो हाल देखा उससे वह इस निष्कर्ष पर पहुँचा कि विकास की प्रक्रिया पटना तक ही सीमित है।

कितना बच पायेगा शहर?

पटना के स्वभाव को लेकर पटना के लोगों से बात करने पर कई तरह की बातें सामने आती हैं। एक राय यह है कि पटना के लोगों में एक ख़ास तरह का अक्खड़पन है। वे एडजस्ट करना, झुकना या सामंजस्य बिठाना नहीं जानते। वे अपना नुकसान सहकर भी अपनी शर्तों पर अपनी ज़िद के साथ जीना चाहते हैं। क्या इसका कारण उनका सामंती मिज़ाज है? बिहार में कहने को सामंती संरचना ध्वस्त हो गयी है, पर सोच के स्तर पर यह किसी न किसी रूप में कायम है। इसका एक उदाहरण यह दिया जाता है कि पटना के बहुत से लोग अपने राज्य के बाहर जाकर छोटा-मोटा काम करते हैं, पर अपने शहर में वह काम करने में शर्म महसूस करते हैं। उन्हें लगता है कि जातिगत या अन्य कारणों से उन्हें जो रुतबा स्वतः हासिल है, उसे ठेस पहुँचेगी। शहर में उद्यमशीलता का विकास न होने का भी यही कारण बताया जाता है। राज्य में कुछ ही जातियाँ कारोबार में लगी रही हैं। बाकी कारोबार करने को हेय दृष्टि से देखती रही हैं। बल्कि हाल के दशकों तक प्राइवेट नौकरी को भी हेय दृष्टि से देखा जाता था।

पटना की गंदगी के लिए भी संभवतः यही मानसिकता ज़िम्मेदार है। पारंपरिक सोच यही है कि सफ़ाई का काम तो एक ख़ास समुदाय का है। यानी सफ़ाई हम नहीं दूसरा करेगा। हर कोई यही सोचकर इसे दूसरे पर टाल देता है। सफ़ाई अपने आप में एक मूल्य है और यह हर व्यक्ति की और एक सामूहिक ज़िम्मेदारी है, इस सोच को ढंग से आत्मसात नहीं कर पाया है शहर।

वैसे यह शहर है किसका? क्या कोई इसे अपना मानता है? कोई है जो ठहरकर इसके बारे में सोचता है? एक विचित्र बात है कि पटना के मूल निवासी इस शहर में कम ही रह गये हैं। शहर में जो भी थोड़ी उन्नति करता है, उसका आदर्श होता है- अपने शहर को छोड़ देना। शहर छोड़ना मजबूरी ही नहीं एक शौक भी है। दिल्ली-एनसीआर में पटना के कई लोग रहते हैं। कुछ तो वहाँ रोज़ी-रोटी के लिए रहते हैं, लेकिन कई लोग ऐसे ही रहते हैं। उन्होंने यहाँ मकान ख़रीद लिया है। चूँकि उनके पास पैसे हैं, उन्होंने अपना शहर छोड़ दिया। कुछ लोग यहाँ निवेश भी करते हैं। पटना के कई ऐसे डॉक्टर हैं, जिन्होंने ग़ाज़ियाबाद के इंदिरापुरम या ग्रेटर नोएडा में मकान ख़रीद रखे हैं। कुछ के मकान बंद हैं तो किसी ने उनमें किरायेदार रख लिये हैं।

पटना के निवासियों का कोई बच्चा बारहवीं के बाद अगर पटना में पढ़ रहा है तो उसे संदेह की नज़र से देखा जाता है। माना जाता है कि इनका बच्चा पढ़ने में कमज़ोर है या इनके पास पैसे नहीं हैं। तो लोग सामाजिक प्रतिष्ठा के लिए अपने बच्चों को दिल्ली, पुणे और बेंगलुरु भेजते हैं। वे बच्चे पढ़ाई के बाद फिर से अपने शहर लौटकर नहीं आते। इस तरह पलायन का सिलसिला जारी है। तब पटना पर जनसंख्या का इतना बोझ क्यों है? दरअसल पलायन कई स्तरों पर है। बिहार के अन्य शहरों और क़स्बों के लोग पटना चले आ रहे हैं पढ़ने और नौकरी के लिए। पटना साइंस कॉलेज के एक प्रोफेसर ने बताया था कि उनके कॉलेज में नब्बे प्रतिशत लड़के पटना के बाहर के हैं। आरा, बक्सर, मुजफ्फरपुर और दरभंगा जैसे शहरों के बच्चों के लिए पटना के स्कूल-कॉलेजों में पढ़ना या कोचिंग में पढ़ना एक तरह का स्टेटस सिंबल है। संभव है, उनमें से कुछ पटना के निवासी बन जायें।

लेकिन ग़ौर से देखें तो यह प्रकिया पूरे देश और दुनिया में चल रही है। दिल्ली के बच्चे अब विदेश पढ़ने जा रहे हैं और वहीं बस जा रहे हैं। दिल्ली की कॉलोनियों और सोसाइटीज में जाकर देखें तो ज़्यादातर फ्लैटों में सिर्फ़ अकेले बुज़ुर्ग दिखायी देते हैं। अब आईटी क्रांति के बाद कुछ शहरों में रांकेंद्रण बढ़ा है। जैसे विभिन्न शहरों से पढ़ाई करके युवा बेंगलुरु में नौकरी करने जा रहे हैं। लेकिन ऑनलाइन काम करने के बढ़ते चलन ने किसी एक शहर में रहने की विवशता भी ख़त्म कर दी है। अब तो कई आईटी प्रोफेशनल किसी एक जगह टिककर रहना नहीं चाहते। अब कई कंपनियाँ ऐसी सुविधाएँ उपलब्ध करा रही हैं कि उसके अधिकारी हर महीने शहर बदलते रहते हैं। उनके रहने की सुविधा अनेक शहरों में उपलब्ध रहती है। जाहिर है, अब शहर सराय में बदलते जा रहे हैं। यानी लोग वहाँ आयेंगे और कुछ समय बिताकर चले जायेंगे।

इस तरह देखें तो अब एक शहर का मतलब रह जायेगा – तमाम आधुनिक सुख-सुविधाओं से युक्त मकान। एक मकान, जिसमें तमाम तकनीकी सुविधाएँ उपलब्ध हों, जिसमें वाई फाई अब एक अनिवार्य तत्व है। निवास स्थल के नज़दीक स्वीमिंग पूल हों, क्लब हों, डिपार्टमेंटल स्टोर तथा मॉल हो। अब नौकरियों का चरित्र अस्थायी हो गया है, इसलिए भी विभिन्न शहरों में लोगों की आवाजाही लगी रहती है। जाहिर है, अब किसी एक शहर में ज़्यादा दिन रहने की स्थितियाँ कम हो गयी हैं। इसलिए शहर

से लगाव का भी सवाल ख़त्म हो गया है। अब यह भाव रहता है कि किसी चीज़ को ठीक करने के बजाय बदल दिया जाये। शहर ख़राब है, शहर छोड़ दो, देश खराब है, देश छोड़ दो। पिछले कई सालों से देश के अरबपतियों के देश छोड़कर अन्य देशों की नागरिकता हासिल करने का सिलसिला तेज़ हुआ है।

इस तरह उदारीकरण, भूमंडलीकरण, कामकाज के बदलते स्वरूप ने शहरों के अस्तित्व पर ही सवाल उठा दिया है। अब हर शहर को नयी ज़रूरतों के हिसाब से ढलना है। स्मार्ट सिटी की अवधारणा हर शहर को एक जैसा बना देने की है। हर शहर को सिंगापुर या न्यूयार्क ही बनाना है क्योंकि ये नयी पूँजीवादी व्यवस्था के अनुरूप बसे शहर हैं। यानी पटना, बनारस या लखनऊ या भोपाल सिर्फ़ अपने नाम में ही जावित रह जायेंगे। अब शहरों के नाम पर बस कुछ-कुछ भौगोलिक इकाइयाँ होंगी। ये सब अपनी संरचना और ढांचे में बस कंक्रीट का जंगल होंगी। लोग जैसे सड़क पार करेंगे उसी तरह शहरों को भी पार करेंगे। कोई शहर उनकी स्मृति में या भावनाओं में उपस्थिति दर्ज नहीं करा पायेगा। लेकिन यह भी ग़ौर करने की बात है कि ये शहर उनके लिए होंगे जो मोटी रकम देकर सारी सुविधाएँ भोग सकेंगे। य़ानी मोटे आसामी, मोटे उपभोक्ता। फिर आम लोगों का क्या होगा? वे जो शहर बनायेंगे, वे जो बहुत सारी सेवाएँ दूसरों को उपलब्ध करायेंगे, ख़ुद कहाँ रहेंगे?

तो क्या हर शहर के साथ एक मलिन बस्ती भी चलेगी? एक बड़ा हाशिया होगा हर शहर का? विकास के इस पूँजीवादी मॉडल में उनके बारे में कोई नहीं सोचता।

तो क्या पटना भी उसी होड़ में शामिल है? शायद इसलिए यहाँ तमाम सुविधाएँ बढ़ रही हैं। पर इस पटना में वो पटना नहीं दिखायी दे रहा, जिसे मैंने या मेरी तरह बहुतों ने महसूस किया था। क्या विकास का जो मॉडल हमने अपनाया है उसमें हर शहर की यही नियति हो गयी है? क्या उन्हें ख़त्म होना ही है? क्या कभी ऐसा आ सकता है कि अच्छे-अच्छे ऊँचे मकान होंगे, चमचमाती चौड़ी सड़कें होंगी, उन पर बड़ी-बड़ी गाड़ियाँ दौड़ेंगी, पर शहर कहीं नहीं होगा? यह आशंका मुझे डराती है। पर मन के किसी कोने में विश्वास की एक लौ भी टिमटिमाती रहती है कि ऐसा नहीं होगा। पटना या कई ऐसे शहर बच जाएँगे। मैं यह नहीं कह रहा कि शहरों में विकास न हो पर विकास ऐसा हो जिसका लाभ सबको मिले। ऐसा भी क्या विकास जो हमारे भीतर

अलगाव ला दे, हमारी सहिष्णुता ख़त्म कर दे, हमें अकेला कर दे। शहर की आत्मा को ही नष्ट कर दे; विचारशून्य, संवेदनहीन प्लास्टिक के नागरिकों का समूह खड़ा कर दे। कितना अच्छा हो कि शहर आगे बढ़े लेकिन अपनी विशिष्टताओं को भी संजोये रखे।

मुझे लगता है कि पटना के विभिन्न अड्डों में गप लड़ाते, कविताएँ सुनाते, रोज नये सपने देखते नौजवान, रंगशालाओं में कपड़े बदलते- चेहरे पोतते कलाकार, ड्यूटी पर मुस्तैद एक महिला ट्रैफिक सिपाही, अपना कार्यक्रम प्रस्तुत करने जाती एक महिला बैंडवादक, छेनी-हथौड़े लिए ट्रेन से उतरते हँसते-खिलखिलाते मज़दूर – ये सब पटना में पटना को बचाये रखेंगे।

आभार

इस किताब को शुरू करने से पहले अरुण सिंह की बहुचर्चित पुस्तक *पटनाःखोया हुआ शहर* पढ़ गया। उसे पढ़कर यह साफ़ हो गया कि मुझे क्या नहीं लिखना है। इससे एक दिशा स्पष्ट हो गयी। ख़ुदाबख़्श खान और पटना की अन्य कई शख़्सियतों के बारे में अहम जानकारियाँ इसी किताब से मिलीं। इसलिए मैं अरुण सिंह का आभारी हूँ। उर्मिला सिंह और सीताशरण सिंह की *पाटलिपुत्र की कहानी पटना की ज़ुबानी* से कुछ रोचक तथ्यों की जानकारी मिली। उन्हें धन्यवाद। लेफ्टवर्ड बुक्स व वाम प्रकाशन के मुख्य संपादक विजय प्रशाद और प्रबंध संपादक सुधन्वा देशपांडे का ख़ासतौर से आभारी हूँ, जिन्होंने यह किताब लिखने के लिए प्रेरित किया। मित्र और सुपरिचित आलोचक संजीव कुमार ने भी इसके लिए प्रोत्साहित किया, इसलिए उनका भी आभार।

किताब का एक बड़ा हिस्सा मेरी स्मृति पर आधारित है तो एक बड़ा भाग पटना के कई लोगों से बातचीत पर। वरिष्ठ पत्रकार बालमुकुंद सिन्हा, कवि मुकेश प्रत्यूष, कवि अनिल विभाकर, शायर संजय कुमार कुंदन, उपन्यासकार रत्नेश्वर, युवा कवि अंचित, फ़रीद ख़ाँ, पत्रकार-रंगकर्मी अनीश अंकुर, कथाकार कमलेश, पत्रकार सविता, ऐपवा की राष्ट्रीय महासचिव मीना तिवारी से हुई चर्चा से शहर को लेकर कई तरह की जानकारियाँ मिलीं। इन सबका विशेष आभार। एनआईटी, पटना के प्रोफेसर संजीव कुमार ने पटना की नगर योजना से जुड़ी कई अहम जानकारी दी। उनके प्रति आभारी हूँ। पटना में हुए बदलावों की जानकारियाँ और शहर से जुड़ी कई ज़रूरी सूचनाएँ पटना के अख़बारों *दि टाइम्स ऑफ इंडिया, हिंदुस्तान, दैनिक जागरण, दैनिक भास्कर* और *प्रभात ख़बर* के ऑनलाइन संस्करणों से हासिल हुईं। इसी तरह पटना की समस्याओं को समझने के कुछ सूत्र *बीबीसी, द वॉयर, न्यूज़क्लिक* और *पारी (पीपल्स आर्काइव ऑफ रुरल इंडिया)* की वेबसाइटों से मिले। उन सबकी रिपोर्टिंग और एडिटोरियल

टीम के प्रति आभार। कवि-कथाकार शिवदयाल की एक कविता इसमें संकलित की गयी है। इसके लिए उनके प्रति कृतज्ञ हूँ। विद्युतपाल दा ने बांग्ला, खुर्शीद अकबर और अबू बकर साहब ने उर्दू साहित्य को लेकर विशेष जानकारी उपलब्ध करायी, जिसके लिए मैं उनका आभारी हूँ। वरिष्ठ रंगकर्मी तनवीर अख़्तर, जावेद अख़्तर खाँ और लेखिका तथा समाजसेवी निवेदिता झा ने ज़रूरी जानकारियाँ जुटाने में मदद की। ये लोग इस पुस्तक में दर्ज पटना शहर की कहानियों में प्रमुख चरित्र के रूप में भी शामिल हैं। इनका विशेष तौर पर आभार।

मैं अपने दफ़्तर के सभी सहकर्मियों विनी चौहान, पूर्बाशा सरकार, सुवेंदु मलिक, शाहिद, राजेंद्र और मनोज का आभारी हूँ, जिनका कदम-कदम पर सहयोग मुझे मिलता रहा।

दिल्ली

एक अगस्त